W0342872

Almuth Bartl

Oscars für Kids

Die 100 tollsten Belohnungen und warum Lob glücklich macht

Ökotopia Verlag, Münster

Die Autorin

Almuth Bartl ist Pädagogin und Autorin vieler, sehr erfolgreicher Kinderbeschäftigungsbücher, Elternratgeber und pädagogischer Fachliteratur. Bücher der Autorin wurden bereits in 30 Sprachen übersetzt. Almuth Bartl lebt mit ihrem Mann und ihren Kindern im Süden von München.

Impressum

Autorin: Almuth Bartl
Illustrationen: Kasia Sander
Lektorat: Bernhard Schön
Satz: Hain-Team, Weimar

© 2007 Ökotopia Verlag, Münster

1 2 3 4 5 6 7 8 9 • 12 11 10 09 08 07

ISBN 978-3-86702-021-3

Inhalt

Ein Lob, das ehrlich gemeint ist, spontan oder gezielt von einer geliebten oder doch zumindest geschätzten Person gegeben wird, ist das beste, das sicherste und das am schnellsten wirkende Erziehungsmittel. Ein Lob ist wie ein Kompliment: Es macht glücklich, bestärkt, wirkt positiv auf das Selbstwertgefühl und kostet dabei den Absender nichts.
Ein »Oscar« hilft erst, wenn mehrere Bedingungen erfüllt sind:

- *Lob greift nur dann, wenn das Kind sein Verhalten bewusst steuern und kontrollieren kann. Auch höchstes Lob für erste, wackelige Schrittchen wird das Kind nicht in einen sicheren Läufer verwandeln.*
- *Das Lob muss von einer Person kommen, die dem Kind wichtig ist. Wer von der allseits verhassten Englischlehrerin öffentlich gelobt wird, könnte das eher als Schmach empfinden.*
- *Lob wird nur von kompetenten Personen angenommen. Wer vom Kind nicht als Autorität akzeptiert wird, dessen Lob bewirkt höchstens Verwunderung.*
- *Das Lob muss vom Erwachsenen aufrichtig und ehrlich gemeint sein. Da reicht kein kurzer Blick vom Vater über den Zeitungsrand hinweg auf die Zeichnung seiner Tochter, mit dem Kommentar »Aha. Schön, schön«.*
- *Lob und Belohnung müssen immer der Tat oder der Situation angemessen sein und individuell gegeben werden. Deshalb hüte man sich auch davor, seine Kinder gleich behandeln zu wollen, denn Gleichbehandlung ist fast immer ungerecht.*

Es gibt viele kleine und große Siege in einem Kinderleben. Natürlich liegt im Gelingen selbst die größte Belohnung: Der Erfolg, ohne Stützräder Fahrrad fahren zu können, ist für das Kind ein tolles Erlebnis. Aber wenn niemand hinschaut und sich mitfreut, ist es eben nur der halbe Spaß. Lassen Sie diese kleinen Siege nicht einfach vorüberziehen. Feiern Sie die Erfolge mit Ihrem Kind und seien Sie großzügig beim Verleihen der »Oscars«.

1.
Highlights für graue Tage

Haben Sie ihr Kind heute schon gelobt?, hieß vor Jahren eine Kampagne, mit der Eltern (Lehrer, Erzieherinnen ...) ermuntert werden sollten, ihren Kindern das schönste Geschenk zu machen, das es gibt: sie anzuerkennen mit einem lieben Satz, vielleicht aber auch einem kleinen Überraschungsgeschenk, das eine Leistung würdigt – oder auch ein wenig Licht in graue Tage bringt.

Zetteltag

Heute ist Zetteltag! Überall kleben kleine Zettel, von »Guten Morgen« auf dem Badezimmerspiegel bis »Schlaf gut« auf dem Kuschelteddy. Und dazwischen klebt einer an der Schultasche, einer an den Hausschuhen, einer an der Kakaotasse, ja sogar an der Zahnbürste findet sich so ein Klebezettel, und darauf steht ein Witz, ein lustiger Spruch, ein Hinweis: »Schau mal unter deine Bettdecke!« usw. Ein toller Tag, so ein Zetteltag!

Kakao am Morgen vertreibt alle Sorgen

Ein Kind, das heute besonderen Zuspruch braucht, bekommt eine Tasse warmen Kakao ans Bett serviert. Dieser Trick klappt übrigens vom ersten Kindergartentag bis zur letzten Abiturprüfung!

Die Überraschungsschnur

Eines Morgens stellt das Kind fest, dass ein Ende einer Schnur an seinem Bett oder seinen Schuhen befestigt ist. Neugierig folgt es der Schnur aus dem Zimmer, den Flur entlang, kreuz und quer durch die Wohnung, bis es schließlich am anderen Ende der Schnur ein Geschenk findet. Ganz einfach so – ohne dass Geburtstag oder Weihnachten ist!

Ganz konkret

Für jedes Lob muss es einen wirklichen, realen Grund geben, der dem Kind in diesem Augenblick auch klar ist. Loben Sie deshalb nicht pauschal: »... weil du so ein braver Junge bist«, sondern werden Sie konkret, z. B.: »Du hast den Abschnitt fehlerfrei gelesen. Das war super!«

Monatsanfang

Der erste Tag eines neuen Monats ist etwas Besonderes – vielleicht sogar ein kleines Familienfest wert. Sie können z. B. ein besonderes Essen zubereiten, den Tisch passend zum neuen Monat decken und mit allen Familienmitgliedern darüber reden, welche tollen Ereignisse der neue Monat bereithält. Da sollten besondere Feiertage genannt werden, private Festtage, Kindergarten, Schul-, Kirchen- und Gemeindeveranstaltungen und vieles mehr.

Wackeleier

Ein besonderer Frühstücksspaß für Kinder: Pro Person brauchen Sie ein Ei, das Sie ausblasen und sauber auswaschen. Während die ausgeblasenen Eier auf Küchenpapier trocknen, bereiten Sie gelben (oder grünen) Wackelpudding nach der Anleitung auf dem Päckchen zu und lassen die Masse abkühlen. Bei jedem Ei wird nun das Ausblasloch auf dem platten Ende mit Tesafilm zugeklebt. Dann füllen Sie mit Hilfe eines Trichters vorsichtig Wackelpudding in jedes Ei.

Haben Sie keinen Trichter zur Hand, drehen Sie sich aus steifem Papier eine Tüte, kleben die Enden aufeinander und schneiden ein kleines Loch in die Tütenspitze. Die gefüllten Wackeleier stellen Sie in Eierbecher und diese wiederum für ein paar Stunden in den Kühlschrank, bis die Masse fest geworden ist. Zum Frühstück, als »gekochte Eier« serviert, sind die Wackeleier eine tolle Überraschung.

Ein Miniwald zum Aufessen

Kresse schmeckt gut, ist gesund und wächst schnell. Eine besondere Überraschung ist, wenn so ein grüner Miniwald in Form des Anfangsbuchstabens des Vornamens, eines Sterns oder eines Herzens am Morgen auf dem Teller steht.

So wird's gemacht: Ein nasses Papiertaschentuch auf den Teller legen, darauf ein Ausstechförmchen und Kressesamen hineinstreuen. Förmchen vorsichtig abheben, Samen leicht andrücken und in den nächsten Tagen gut feucht halten. In etwa einer Woche ist der Kressewald so weit gewachsen, dass er abgeerntet werden kann.

Zu Gast bei Familie Schwein

Was für ein Vergnügen! Während des Essens schreit plötzlich ein Familienmitglied: »Familie Schwein!« Augenblicklich verwandeln sich alle manierlich speisenden Tischkollegen in Mitglieder der Familie Schwein. Einer schmatzt lauthals, ein anderer stochert im Essen seines Nachbarn herum. Gesprochen und gelacht wird mit vollem Mund, Vater Schwein bohrt in der Nase und wundert sich nicht einen Augenblick darüber,

Trauen die mir nichts zu?

Wird das Kind für eine bestimmte Leistung gelobt, freut es sich darüber, und das Lob wird dazu führen, dass es seine Leistung noch steigert. Wird das Kind aber stets für die gleiche Leistung gelobt, erwächst in ihm das Gefühl, dass die Eltern ihm diese Leistung (immer noch) nicht zutrauen. Daher ist es besser zu warten, bis das Kind den nächsten, kleinen Schritt schafft, um dann wieder entsprechend zu loben.

dass Tochter Schwein sich Salatblätter mit den Fingern aus der Schüssel angelt. Beinahe sind alle wieder froh, wenn Familie Schwein durch den entsprechenden Ruf eines Familienmitglieds in Familie Müller zurückverwandelt wird und gemäß der guten Sitten weiterisst.
Tipp: Ein weiteres »Highlight«: Zu Gast im Speisesaal bei »Königs«. Sobald einer »Königs!« ruft, gelten nur noch die allervornehmsten Tischmanieren.

Die Schatzkammer

Ein Highlight für mehrere Kinder: Das Wohnzimmer wird in eine Schatzkammer verwandelt, in der ein Erwachsener zuvor viele Goldtaler, Nüsse, Kekse, Sticker ... versteckt hat. Ein Keks baumelt vielleicht an einer Schnur von der Zimmerdecke, einer liegt im Blumentopf, einer unter dem Sofakissen. Wer nun bei einem Spiel gewonnen hat, darf die Schatzkammer betreten und dort so viele Geschenke einheimsen, wie er entdeckt, während alle anderen ein Lied singen. Mit dem Ende des Liedes ist auch die Jagdzeit vorüber. Suchen kleine Kinder nach den Geschenken, wird ein entsprechend langes Lied ausgesucht. Große gehen im Dunkeln mit einer Taschenlampe auf »Geschenke-Pirsch«, und das Lied wird nicht länger dauern als »Alle meine Entchen«.

Die Wochenendlotterie

Jedes Familienmitglied darf einen oder auch mehrere Wünsche vorbringen, was man am nächsten Wochenende doch endlich mal machen könnte, bspw. in den Tierpark gehen, die Eisenbahn aufbauen, die Gemüsebeete jäten (wie bitte?), ins Eislaufstadion gehen usw. Jeder einigermaßen umsetzbare Wunsch wird auf einen Zettel geschrieben, und die zusammengefalteten Zettel werden in einen Hut gelegt.
Dann darf das Jüngste Glücksfee spielen und mit geschlossenen Augen ein

Lob und Tadel

Loben Sie laut und tadeln Sie – wenn überhaupt – ganz leise und niemals öffentlich!

Los ziehen. Was auch immer auf dem Zettel steht, wird am nächsten Wochenende in die Tat umgesetzt.

Rückenmassage

Alle Familienmitglieder setzen sich so im Kreis auf den Boden, dass jeder den Rücken seines »Vordermannes« vor sich hat.

Einer beginnt und streicht sanft über den Rücken des vor ihm Sitzenden. Der so Verwöhnte gibt sofort dem vor ihm Sitzenden die Streicheleinheiten auf gleiche Weise weiter.

Der Erste macht aber auch gleich weiter. Jetzt klopft er seinem Vordermann vielleicht auf die Schultern, kitzelt ihn ein bisschen, knetet dann den Rücken kräftig durch, usw.

Jede Aktion wird sofort vom Empfänger weitergegeben, so dass auch der Initiator der wohltuenden Berührungen etwas zeitverzögert die Rückenmassage erhält.

Ein Tag im Bett

Wie wäre es, einfach mal – vielleicht am nächsten verregneten Sonntag – den ganzen Tag im Bett zu bleiben?

Da kann man spielen, kuscheln, lesen, fernsehen, futtern, vor sich hin träumen, Geschichten erzählen, und man fühlt sich so wundervoll geborgen und gemütlich. Tja, und wer keine Lust mehr hat, der steht einfach auf.

Aufmerksamkeit

Die ungeteilte, aufrichtige Aufmerksamkeit der Eltern ist für die Entwicklung des Kindes enorm wichtig. Wer sie nicht bekommt, wird Wege finden, sie zu erlangen, und diese Wege sind nicht immer die, von denen Eltern träumen.

Aufmerksamkeit muss aufrichtig und ehrlich sein. Ein kurzer Blick vom Vater über den Zeitungsrand hinweg auf die Zeichnung seiner Tochter, mit dem Kommentar »Schön, schön«, reicht nicht aus. Besser wäre, der Vater legte die Zeitung weg, beugte sich über das Bild und lobte dann im Detail, z. B.: »Das Flugzeug ist dir besonders gut gelungen.«

Spaß mit Spielteig

Spielteig ist ein prima Ersatz für Plastilin! Der Spielteig ist geschmeidig wie Marzipan, klebt nicht an den Händen und ist umweltfreundlich.

So wird der Teig gemacht:

¾ Liter Wasser in einen großen Topf geben, ½ kg Mehl und ¼ kg Salz dazuschütten und rühren, bis die Masse klumpenfrei ist. Ggf. mit dem Handrührgerät durchschlagen. Den Topf auf den Herd stellen und die Masse bei mäßiger Hitze kochen. Dabei immer rühren, bis ein schwerer, einem Brandteig ähnlicher, Kloß entsteht. Den Teig vor dem Basteln gut auskühlen lassen!

Tipp: Wer bunten Spielteig möchte, gibt ein paar Tropfen Lebensmittelfarbe ins Wasser.

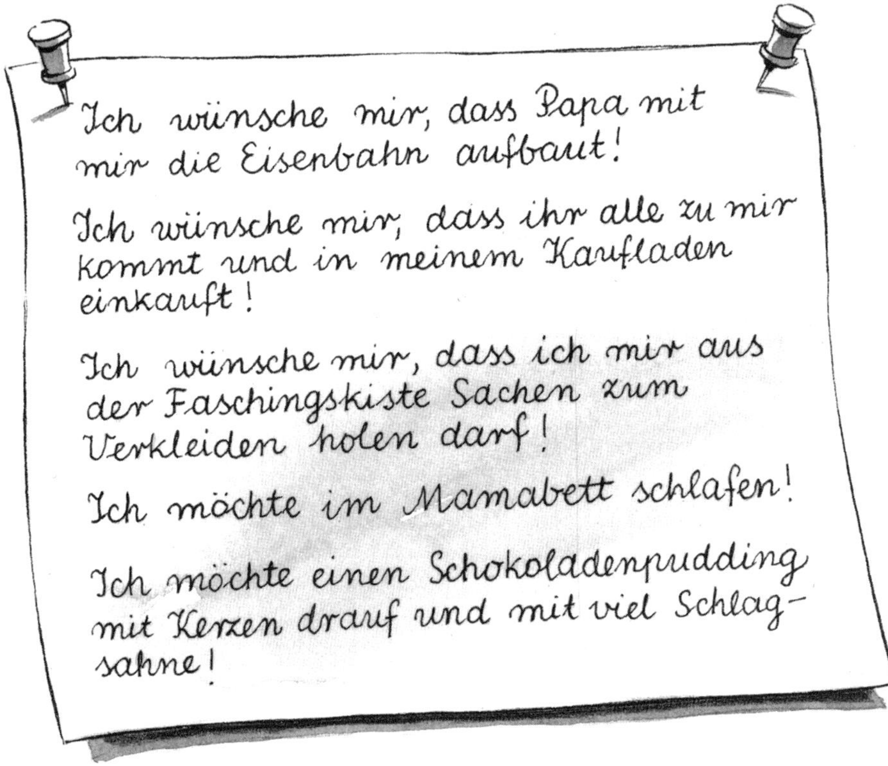

Die Wünsche-Lotterie

Fast wie im Märchen geht es bei dieser Lotterie zu. Das Kind darf genau sieben Wünsche äußern. Jeder (erfüllbare) Wunsch wird von der Mama auf einen eigenen Zettel geschrieben, der wird dann zusammengerollt und mit einem Gummiring umwickelt. In einem Hut oder einer Schachtel werden die Lose gemischt. Dann darf das Kind mit geschlossenen Augen ein Los ziehen. Mama steckt das Los ein – denn noch wird gar nichts verraten. Erst am nächsten Tag wird das Geheimnis gelüftet. Dann geht nämlich dieser Wunsch in Erfüllung.

Wunderkerzen

Heben Sie nach Weihnachten unbedingt ein paar Wunderkerzen für besondere Anlässe im kommenden Jahr auf! Wenn es dann einmal etwas zu feiern gibt und die Familie um den Tisch versammelt ist, löschen Sie die Lichter, stellen die Wunderkerze z. B. in einen Kerzenständer neben den Teller des Kindes und zünden sie an.

Abziehbildchen

Lustige Abziehbildchen kann man herstellen, wenn man Lebensmittelfarben in Tuben auftreiben kann. Mit diesen Farben malt das künstlerisch talentierteste Familienmitglied ein lustiges Bildchen auf ein Stück weißes Papier. Das fertige, gut getrocknete »Abziehbildchen« legt sich das Kind auf die angefeuchtete Haut und drückt es mit einem feuchten Waschlappen eine Weile fest. Dann zieht es das Papier vorsichtig von der Haut und kann das Bild bewundern.

Nie zu viel, selten genug

Eltern und Großeltern können das Kind verwöhnen, indem sie ihm zu viele Geschenke kaufen, ihm jeden Gefallen tun und ihm alle Schwierigkeiten aus dem Weg räumen.
Aber sie können ein Kind niemals zu viel lieben, zu viel loben und zu viel unterstützen.

Die Schlaraffenland-Spirale

Auf dem Tisch wird eine Spirale aus vielen kleinen, essbaren Dingen ausgelegt, z. B. Rosinen, Nüsse, Schokolinsen, Bananenchips. Eine besondere Leckerei, etwa eine Praline oder ein Schokoriegel, wird als Geschenk verpackt und in die Mitte der Spirale gelegt.
Nun wird reihum gewürfelt. Wer eine Eins oder eine Zwei hat, darf sich ein Spiralenteil nehmen, wer eine Sechs hat, darf zwar nichts nehmen, aber zum Trost noch einmal würfeln. Alle anderen Würfe verfallen! Auf diese Weise nähern die Kinder sich allmählich dem Innersten der Spirale. Die Spannung steigt. Wer hat das Glück und bekommt das Päckchen? Alle anderen Spieler werden aber sicherlich auch zufrieden sein, weil sie ja ihre Beute auffuttern dürfen.

Familienpicknick im Kinderzimmer

Ein krankes Kind, das besser im Bett bleiben sollte, gibt der ganzen Familie Anlass für ein Picknick im Kinderzimmer.
Um das Bett des kranken Kindes herum werden Decken ausgebreitet, das Camping- oder Picknickgeschirr wird ausgeteilt, und dann macht es sich jeder auf seinem Sitzkissen am Boden gemütlich. Der kleine Patient ist Mittelpunkt des Geschehens, bekommt alles mit und hat beim Anblick der kauenden Familienmitglieder bestimmt mehr Appetit als allein in seinem Bettchen.

Was macht der Osterhase heute?

Gute Frage! Da versteckt er im Garten oder im Park Walnüsse (Murmeln, Legosteinchen ...)! Allen Kindern macht es Spaß, gerade außerhalb der Osterzeit auf Schatzsuche zu gehen. Jedes Kind bekommt ein Tütchen, in das es die Fundstücke hineingibt.

Chauffeur-Service

Holen Sie das Kind und seine Freunde überraschend von der Schule ab, und fahren Sie alle Kinder nach Hause. *Tipp:* Die Eltern der Freunde vorher benachrichtigen!

Badewasserzusatz

Kinder baden gerne. Noch viel toller wird es, wenn es heute, zur Feier des Tages, ein Bad gibt mit:

- ganz viel Schaum drauf,
- Blütenblättern, die auf der Wasseroberfläche treiben,
- einem himmlischen Duft nach Erdbeeren (Orangen, Kaugummi ...) ,
- Eiswürfeln als kleiner »Suppeneinlage« im Wasser.

Die Schnitzeljagd

Hat Ihr Kind gar keine Lust zum Vokabellernen und haben Sie keine Lust zum ständigen Ermahnen? Hier kommt eine Schnitzeljagd, die das Problem löst: Verstecken Sie ein kleines Geschenk irgendwo im Haus, z. B. im Keller in der Faschingskiste. Schreiben Sie nun zehn kleine Hinweiszettelchen, die aber, jedes für sich, noch nicht allzu viel verraten. Beispiel: Auf einem Zettel steht vielleicht: *Das Geschenk ist an einem kalten Ort.* Ein anderer Zettel sagt aus: *Du findest das Geschenk spätestens am Faschingsdienstag.* Immer, wenn das Kind seine Vokabeln gelernt hat, darf es einen Hinweiszettel aus der Schachtel ziehen und grübeln, wo das Geschenk wohl sein könnte. Es kann natürlich sein, dass das Kind bereits mit dem dritten Hinweis das Geschenk findet: Glück gehabt! Spätestens aber mit dem Ziehen des letzten Zettels wird das Versteck verraten.

Alle »ersten« Feste

Feiern Sie alle »ersten« kleinen Events, z. B. wenn das Kind:

- *die ersten Schritte alleine läuft,*
- *seinen Namen schreiben kann,*
- *zum ersten Mal ohne Stützräder Fahrrad gefahren ist,*
- *den ersten Zahn verloren hat bzw. der erste Schneidezahn herausblitzt,*
- *zum ersten Mal in den Kindergarten (Sportverein, Musikschule, Konfirmandenunterricht, Fahrschule ...) geht,*
- *den ersten Tag in einer weiterführenden Schule hinter sich hat,*
- *dazu vielleicht zum ersten Mal mit dem Bus oder dem Zug gefahren ist.*

Das Zahnspangenfest

Feiern Sie den Tag, an dem das Kind endlich von seiner Zahnspange befreit wurde, mit einem Familienabendessen, bei dem all die tollen Dinge auf dem Tisch stehen, die es mit Zahnspange nicht essen durfte.

Fit mit Hit

Einmal der »Fitnesstrainer« seiner Familie zu sein, ist ein großes Privileg. Das Kind stellt sich vor die Familiensportler, schaltet seinen Lieblingshit ein und macht bestimmte gymnastische Übungen vor, z. B. auf dem Platz laufen oder »Hampelmann« oder die Arme wie Propeller kreisen lassen. Alle Familienmitglieder machen die Übungen gleichzeitig brav mit. Damit das Ganze nicht zu anstrengend wird, dauert eine Fitness-Übung so lange wie das ausgewählte Lied.

Schlaf-Säcke

Hier sind keine gewöhnlichen Schlafsäcke gemeint, sondern sieben Beutel, die jeweils mit einem anderen interessanten Inhalt gefüllt werden und jeden Abend darauf warten, dass sie vom Kind ausgewählt und mit ins Bett genommen werden. Das Kind schnappt sich einen Schlaf-Sack, krabbelt ins Bett und darf sich jetzt noch eine halbe Stunde mit dem Inhalt des Beutels beschäftigen. Als Inhalt eignen sich je nach Alter z. B.:

- große Lego- oder Holzbausteine
- Kaleidoskop
- Taschenlampe
- Malbuch mit Stiften
- Pfeifenreiniger zum Biegen von verschiedenen Formen
- Holzperlen mit einer Kordel zum Auffädeln
- Winzige Babykleidung für den Teddy
- Bunte Bänder zum Flechten

Liebe auf den zweiten Blick

Ein Kuscheltier, das nicht besonders viel Aufmerksamkeit bekommt und ganz hinten im Regal verstaubt, »verschwindet« eines Tages. Aber bald darauf steht ein geheimnisvoller Karton vor der Wohnungstür. Was da drinnen ist? Na, das Kuscheltier natürlich! Aber wie es sich verändert hat! Als Teddy-Indianer – mit einer Feder im Plüschfell, einer Perlenkette, neuen Schuhen – hat es wieder nach Hause gefunden. Das gibt ein großes »Hallo«, und vielleicht wird es ja doch noch die große Liebe, eben die Liebe auf den zweiten Blick

Badewannenbilder

Kinder baden eigentlich sehr gerne, aber noch viel mehr Spaß macht die Planscherei, wenn sie zur Feier des Tages auch noch Badewannenfarbe dazu bekommen.
In kleine Schälchen gießt die Mama zuerst je etwa zwei Esslöffel voll flüssige Seife und färbt jede Portion mit einigen Tropfen Lebensmittelfarbe ein. Fertig ist die Badewannenfarbe. Als „Pinsel" dienen die Finger, die Zehen, ein Schwämmchen oder auch eine ausrangierte Zahnbürste.
Das Kind kann jetzt Muster und Bilder auf die Badewanne malen oder sich selber etwas bunter gestalten. Am Schluss wird die Farbe ganz einfach wieder abgeduscht.

2. Trostpflaster

Zum Traurig-Sein gibt es auch im Kinderalltag eine Menge Anlässe: weil es regnet, obwohl man heute zum Baden gehen wollte, weil der Tobias jetzt lieber neben dem Tom sitzen will, weil einen die blöde Lena nicht auf ihre Geburtstagsparty eingeladen hat und weil der Drachen nur einmal geflogen und schon kaputt ist. Für solche und ähnliche Kümmernisse braucht man ein bisschen Trost und am besten Trostpflaster wie diese hier.

Luftballons staunen

Was für eine Überraschung: Da wacht das Kind an einem ganz normalen grauen Wochentag auf, denkt schon mit Bangen an den Mathetest, und da entdeckt es plötzlich lauter bunte Luftballons, die rund um das Bett baumeln, von der Vorhangstange hängen, am Fensterbrett kleben ... ganz so, als ob heute Geburtstag wäre! Na, da steht es doch gleich viel schwungvoller auf, zieht sich plötzlich viel schneller an, sogar die Zahnpasta schmeckt nicht halb so scheußlich wie sonst, und auf einmal weiß es: Das wird ein guter Tag!

Die Spiegelbotschaft

Ein Kind, das heute gar kein bisschen Lust zum Aufstehen hat und schlaftrunken ins Bad torkelt, findet auf dem Spiegel eine kleine aufheiternde Botschaft oder ein Smiley ☺, das ein lieber Mensch mit Mamas Lippenstift dorthin gemalt hat.

Körperkontakt

Umarmen Sie Ihr Kind, knutschen sie es, küssen Sie es, und streicheln Sie es immer, wenn Ihnen oder ihm danach zumute ist. Körperkontakt gibt dem Kind das Gefühl, geliebt und geschätzt zu werden. Gerade wenn mal etwas schief gelaufen ist, braucht das Kind das Gefühl, dass es »trotzdem« geliebt wird und seine Eltern immer hinter ihm stehen werden.
Achten Sie aber auch stets darauf, ob das Kind ihre Zärtlichkeiten jetzt, in diesem Augenblick wirklich möchte, oder ob es sie vielleicht gerade als Übergriff empfinden könnte.

Die Anti-Schnupfen-Kette

Ein Fotodöschen wird mit Watte oder einem Papiertaschentuch ausgestopft, auf das man einige Tropfen Eukalyptusöl tropft.
Wer das nächste Mal vom Schnupfen geplagt wird, dem wird zum Trost die Anti-Schnupfen-Kette umgehängt. Immer wieder einmal öffnet das Kind den Kettenanhänger und schnuppert am heilenden Inhalt, um den Schnupfen zu beruhigen.
Tipp: Wer gerade keinen Schnupfen hat, aber trotzdem ein Trostpflaster braucht, dem tropft man statt Eukalyptusöl einfach Mamas Lieblingsparfum oder Papas Aftershave ins Döschen.

Heile, heile Segen

Heile, heile Segen,
drei Tage Regen,
drei Tage Schnee!
Nun tut's nimmer weh

Trost für rote Schnupfennasen

Über Papiertaschentücher mit bunten Musterrändern und einem Tropfen Duftöl darin freuen sich die Besitzer von roten Schnupfennasen. Jetzt kann man sich aussuchen, ob man lieber in Kamille schnäuzt mit rosa Tupfen, in Eukalyptus mit hellblauem Zickzackrand oder in Honigduft mit kleinen, roten Herzen.

So ein blöder Tag!

Die Erzieherin hat geschimpft, die Hausschuhe haben sich in Luft aufgelöst, die Kakaotasse fällt um – und überhaupt: So ein blöder Tag!
Zum Glück fällt Mama ein, dass der Mecki heute Geburtstag hat! Schon wendet sich alles wieder zum Guten: Der Tisch wird feierlich gedeckt, es gibt Kekse und Kakao in Puppentassen, und sogar eine winzig kleine Kerze brennt!
Der Mecki braucht auch noch ein Geschenk. Vielleicht freut er sich über einen selbst gebastelten Hut, ein wunderschön gemaltes Bild oder ein neues Bettchen? Auf jeden Fall ist der Tag wieder schön, wenn der heiß geliebte Mecki so im Mittelpunkt steht und auch die anderen Familienmitglieder ein bisschen mitfeiern.

Trostpfannkuchen

Zuerst wird ein dünner Pfannkuchenteig hergestellt und in einer Pfanne Fett zum Ausbacken erhitzt. Den Pfannkuchenteig füllen Sie in eine Plastikflasche mit dünnem Ausgießloch. Mit der Flasche spritzen Sie dann die Anfangsbuchstaben der Namen, Herzen, Zahlen, Kringel und einfache Figuren in die Pfanne. Die Gebilde werden mit einem Schaumlöffel aus dem Fett gehoben, sobald sie goldbraun geworden sind. Schließlich bekommen sie noch einen Überzug aus Puderzucker und werden schnell serviert.

Boxbirne

Für alle Fälle von Frust und mittelschwerer Kinderwut gibt es ein besonderes Trostpflaster: die Boxbirne.
Stopfen Sie einen alten Kissenbezug fest mit Handtüchern aus und knoten Sie zwei gegenüberliegende Zipfel an je ein Stück Seil. Ein Seilende wird an der Zimmerdecke befestigt, das andere Ende z. B. an einem Bettpfosten oder am Schrank. Das Kissen selbst soll sich in Schulterhöhe des Kindes befinden. Jetzt kann es nach Herzenslust seine angestauten Aggressionen in das Kissen boxen. Ein tolles Vergnügen, nach dem man sich gleich viel besser fühlt.

Die Krimskrams-Kiste

Babys und Kleinkinder können sich voller Hingabe mit einer Krimskrams-Kiste beschäftigen. Der Inhalt ist so vielseitig, dass die Kleinen schon allein von den verschiedenen Farben, der unterschiedlichen Größe und Beschaffenheit fasziniert sind. In einer Krimskrams-Kiste findet man vielleicht ein Plastikbecherchen, einen großen Farbwürfel, einen Löffel, einen Ringelsocken mit Loch, einen Briefumschlag mit bunter Briefmarke, einen Flaschenkorken, ein Glöckchen ...
Reservieren Sie die Kiste ausschließlich als Trostpflaster, denn dadurch bleibt sie spannend und wirkungsvoll.

Oh Jammer, oje,

Oh Jammer, oje,
mein Bäuchlein tut weh.
Juchhe und juchhei,
bald ist es vorbei.

Farbfotos

Ein paar schöne Fotos werden kopiert und die Schwarzweißkopien dem Kind zum Ausmalen mit Buntstiften übergeben. Eine tolle Beschäftigung besonders für kranke Kinder, denen es gerade so langweilig ist.

Ausgerechnet Bananen

Bananen helfen prima gegen schlechte Laune, weil sie die Glückshormone anregen. So eine Banane, mit einem Papierschirmchen serviert, sieht nicht nur toll aus, es macht auch besonderen Spaß, wenn man sie halbiert und das Fruchtfleisch mit einem kleinen Löffelchen direkt aus der Schale futtert!

Lob dem Fortschritt

Genauso wie man ein Kind nicht für etwas schimpfen wird, für das es nichts kann, sollte man es auch nicht für diese Dinge loben. Gelobt werden Entwicklungsfortschritte, z. B. das selbständige Schnürsenkelbinden, oder soziale Tätigkeiten, z. B. das Versorgen eines kranken Mitschülers mit den Neuigkeiten aus der Schule, aber nicht die Tatsache, dass das Kind zwei Zentimeter gewachsen ist.

Heile, heile Gänschen

Heile, heile Gänschen,
das Mäuschen hat ein Schwänzchen!
Heile, heile, Mäusespeck,
morgen früh ist alles weg!

Ein bisschen Quatsch darf sein

Erzählen Sie eine lustige Situation aus Ihrer Kindheit. Kinder lieben das!
Sprechen Sie in einer anderen Sprache oder in Piratensprache. (Weper kapann aupauch ipin Pipirapatepensprapachepe sprepechepen?)
Quatschgedichte, Blödellieder oder Abzählreime kommen bei Kindern immer gut an, z. B.:

Ich bin klein,
mein Herz ist rein,
mein Hals ist schmutzig,
ist das nicht putzig?
Veranstalten Sie einen Kurzwettbewerb in Grimassenschneiden.

Wunderkugel

Eine kleine Kugel Plastilin wird mit einer Schicht andersfarbigem Plastilin überzogen. Darauf kommen weitere Schichten, so lange, bis eine etwa Tomaten große Kugel entstanden ist. Diese Wunderkugel überreicht man dem Kind ganz feierlich auf einem Holzbrettchen und serviert dazu ein Buttermesser. Damit darf das Kind die Kugel in Scheiben schneiden und staunen über die verschieden gewellten, bunten Ergebnisse.

Manchmal tut Wut gut

Wut, Enttäuschung, Kummer und einfach mal schlechte Laune gehören zum Leben, und es ist wichtig, dass das Kind diese negativen Gefühle in der Familie äußern und ausleben darf. Niemand muss jeden Tag gut gelaunt sein. Wer erlebt, dass er trotz der negativen Empfindungen und seines entsprechenden Verhaltens von seinen Eltern und Geschwistern geliebt und anerkannt wird, entwickelt Urvertrauen zu seiner Familie und wird es auch selbst akzeptieren können, wenn ein anderes Familienmitglied einmal »schräg drauf« ist.

Überraschungsbilder

Mit einem weißen Wachsmalstift oder einer weißen Kerze werden auf normales Papier einfache Dinge gemalt, z. B. ein Strichmännchen, ein Auto, ein Baum oder eine Blume. Das Kind bekommt einen dicken Pinsel und eine dunkle Wasserfarbe. Der »Arbeitsplatz« wird mit Zeitungspapier gut abgedeckt, und schon kann die Zauberei mit den Überraschungsbildern losgehen. Mit dicken Pinselstrichen übermalt das Kind das Blatt, und – siehe da – verschiedene Bilder werden sichtbar.

Seifenblasen-Trost

Seifenblasen sind für ganz kleine Kinder ebenso faszinierend wie für größere Kinder und für Erwachsene:
Blasen fangen
Ein Kind bläst eine ganze Menge Seifenblasen, die anderen rennen den Blasen hinterher und versuchen, möglichst viele zwischen ihren Händen zu zerklatschen.

Blasen pusten
Eine besonders schöne, aber nicht allzu große Seifenblase wird durch Pusten, Fächeln mit einer Zeitung oder mit einem Stück Pappe möglichst lange daran gehindert, auf dem Boden zu zerplatzen.
Blasen bohren
Eine Seifenblase, die auf einer feuchten Unterlage gelandet ist, ohne zu zerplatzen, wird mit einem ebenfalls feuchten Finger vorsichtig angebohrt. Ein tolles Gefühl und ein interessantes Schauspiel, seinen eigenen Finger innerhalb der schillernden Blase zu sehen. Je feuchter die Luft, umso langlebiger die Seifenblase!
Seifenblasen-Weitlauf
Alle Kinder stehen nebeneinander an der Startlinie. Nun darf sich jeder eine schöne Seifenblase pusten und gleich versuchen, sie vorsichtig Schritt für Schritt weiter zu blasen – möglichst weit weg von der Startlinie. Wessen Seifenblase platzt, bleibt an dieser Stelle wie angewurzelt stehen. Wer seine Seifenblase über die weiteste Strecke pusten kann, gewinnt den Weitlauf.

Wehwehchen und wirklich kranke Kinder

»Klitzekleine Trostpflaster« und anderer Balsam für kleine Kranke helfen dann, wenn Ihr Kind ein »Wehwehchen« hat. Sie werden sicher selbst spüren, ob das Kind nicht besser Ruhe braucht, weil es so ernsthaft erkrankt ist, dass ihm Gesellschaft anderer, Aufheiterungen oder kleine Spiele eher zu viel wären.

Lachanfall mit Seifenblasen
Ein Kind bläst eine schöne Seifenblase in die Luft, und die anderen fangen sofort an, schallend zu lachen. Sie lachen und lachen, bis die Seifenblase zerplatzt. Jetzt muss jeder sofort still sein. Wer als letzter noch einen Quiekser von sich gibt, scheidet aus, darf aber zum Trost die nächste Seifenblase pusten.
Seifenblasen aus der Hand
Hand in der Seifenblasenlauge anfeuchten, eine lockere Faust machen und an einem Ende vorsichtig hineinpusten. Am anderen Ende erscheinen die Seifenblasen.

Klitzekleine Trostpflaster

Über Krankheiten, aufgeschlagene Knie und Kummer helfen Extra-Überraschungen schnell hinweg:

- eine Tasse heißer Kakao oder Tee,
- ein Kuschelstündchen auf dem Sofa unter einer großen warmen Decke,
- ein Weilchen durch die Wohnung getragen werden,
- ein auf der Heizung vorgewärmtes Badehandtuch und ein ebensolcher Schlafanzug,
- eine Weile den Bauch kraulen,
- eine Geschichte vorgelesen bekommen,
- das extraweiche Mama-Kuschelkissen,
- eine besondere Wärmflasche, z. B. in Form einer Mickey Mouse,
- ein Honigbonbon gegen Kummer, Langeweile und Schmerzen.

Interesse zeigen

Wenn etwas Besonderes im Kindergarten oder in der Schule stattfindet, das dem Kind leichtes Magenkribbeln verursacht, z. B. ein Theaterstück wird eingeübt, das Kind muss in der Kirche singen, es muss vor der Klasse vorlesen oder ein Referat halten, dann vergessen Sie auf keinen Fall, das Kind zu fragen, wie denn alles so geklappt hat.

Denken Sie daran: Wer von seinem Kind nur gute Nachrichten bekommt, erfährt selten die Wahrheit!

Das blaue Fleckmonster

Ein blauer Fleck bekommt ein Gesicht und breite Segelohren aufgemalt und verwandelt sich dadurch in ein blaues Fleckmonster. Im Laufe der Tage wird sich das blaue Monster in ein grünes verwandeln, dann in ein gelbes und irgendwann macht sich das Monster wieder aus dem Staub.

Fünf kranke Fingerchen: Ein Trostspiel für kranke Mäuse

Die fünf Finger an meiner Hand sind alle krank	die fünf Finger des Kindes liegen in der Hand des Erzählers
der hat Fieber,	mit dem Daumen wackeln
der hat Husten,	mit dem Zeigefinger wackeln und husten
der hat Kopfweh,	mit dem Mittelfinger wackeln
der hat keinen Hunger	mit dem Ringfinger wackeln
und dem kleinen Burschen hier	den kleinen Finger oben fassen
rumpelt der Bauch	und kräftig schütteln

Lange Leitung

Das Kind erhält zum Trinken eine lilalange Leitung. Dazu werden mehrere Trinkhalme, die man biegen kann, ineinander gesteckt. Die Leitung ist so lang, dass man das Trinkgefäß am besten auf den Boden stellt und von seinem Platz aus saugt und saugt und ...

Enorm in Form

Butterbrote und Obst schmecken gleich viel besser, wenn man sie als Sternchen, Herzchen, Blumen oder Tannenbäume verputzen darf. Dazu schneidet der Erwachsene zum Beispiel einen Apfel in dünne Scheiben, beträufelt diese mit Zitronensaft und sticht die gewünschten Formen mit Plätzchenausstechern aus.

Pfiffig

Kinder, die sich gerade in den Haaren liegen, beruhigen sich schnell, wenn sie pfeifen dürfen. Ohne besonders auf die Situation einzugehen, fordert man die Kinder auf, schnell gemeinsam, am besten zusammen mit der ganzen Familie, ein Lied zu pfeifen. Besonders gut klappt das, wenn man ein entsprechendes »Mitpfeif«-Lied auf CD laufen lässt. Der Trick besteht darin, dass verbissene Mienen nicht pfeifen können. Die Gesichtsmuskeln entspannen sich beim Pfeifen, die fetzige Musik heitert auf und bringt die Kinder wieder zusammen.

Das »Care«-Paket

Ein Kind, das sich in der Fremde aufhält, sei es in einem Internat, im Skilager, einem Erholungsheim oder einem Sommercamp, freut sich sehr über ein kleines Päckchen von zu Hause. Darin könnten zum Beispiel ein kleines Buch sein, ein Tagebuch, ein Kuscheltier, ein Foto von der ganzen Familie, eine besonders lustige Zahnbürste und ein bisschen Extra-Taschengeld. Natürlich darf auch ein lieber kleiner Brief nicht fehlen.

3. Geburtstagsüberraschungen

Am Geburtstag steht natürlich das Geburtstagskind im Mittelpunkt. Das wird manchmal schwierig – z. B. wenn Tante Claudia zu Gast ist und gleich alle Leute mit Erzählungen über ihre Gallensteine in Beschlag nimmt. Planung hilft. Vielleicht gibt es einen günstigen Ausweichtermin für Tante Claudia und ähnliche Menschen, die sich dann ihre Geschichten gegenseitig erzählen können. Auch ein Kinderfest muss nicht unbedingt am Geburtstag stattfinden. Oftmals ist man mit den Vorbereitungen und den vielen Kindern so beschäftigt, dass man einfach nicht dazu kommt, die Hauptperson entsprechend zu beachten und zu ehren.

Die besondere Geburtstagskarte

Sollte Ihr Kind demnächst Geburtstag haben, so werden Sie mit diesen sensationellen Geburtstagsgrüßen bestimmt auf ewig Ehre einlegen.

Überlegen Sie, ob das Kind ein bestimmtes Idol hat, z. B. einen Fußballspieler, eine Sängerin oder eine Schauspielerin. Kaufen Sie eine Geburtstagskarte und beschriften Sie den frankierten Umschlag mit Ihrer Anschrift und dem Namen des Kindes.

Schreiben Sie dann einen kurzen Brief an den Star und bitten Sie ihn, die beiliegende Geburtstagskarte zu unterschreiben und zurückzusenden. Wetten, dass das Geburtstagskind ausflippt vor Freude? Aber psst! Bis die Karte nicht eingetroffen ist, wissen Sie nicht, ob die Sache klappt! Rechnen Sie damit, dass die Trefferquote nur bei etwa 50 % liegt!

Eine Feier ohne Stress für Kinder und Erwachsene

Jüngere Kinder (und ihre Gäste!) sollten nicht überfordert werden; das mindert auch den Stress für die Erwachsenen. Vier Gäste für den Vierjährigen reichen aus. Und die Feier muss nicht in ein riesiges Animationsprogramm ausarten.

Wenn Sie selber wenig Zeit für die Vorbereitung haben, überlegen Sie sich wenigstens eine Alternative zur Fastfood-Feier: Auch im Museum oder im Tierpark gibt es Geburtstagsangebote.

Die Tageszeitung

Heben Sie jedes Jahr die Tageszeitung vom Geburtstag des Kindes auf. In ein paar Jahren wird die Sammlung für das Kind unschätzbaren Wert bekommen.

Ein Himmel voller Luftballons

Was für ein Gefühl, am Geburtstagsmorgen aufzuwachen, und die ganze Kinderzimmerdecke hängt voller bunter Luftballons.

Knallbonbons für alle

Eine Papprolle von Toilettenpapier wird mit einem Gutschein »gefüllt« und großzügig in Geschenkpapier gewickelt. Die Enden werden mit bunten Bändchen abgebunden.

Auf den Gutscheinen steht jeweils eine Aktivität für die ganze Familie, also z. B.: Wir gehen in den Tierpark – ins Kino – ins Erlebnisbad – ganz toll essen oder ins Theater. Wenn möglich, den genauen Termin, Datum, Uhrzeit dazu schreiben und ggf. sogar die Tickets in das Knallbonbon stecken.

Ihre Majestät, das Geburtstagskind

Wie ein König fühlt sich, wer an seinem Geburtstagsmorgen eine goldene Krone vorfindet, die nun den ganzen Tag alle Leute – auch den unwissenden Postboten – darauf aufmerksam macht, dass hier heute was ganz Besonderes los ist! Die Krone, ein Ring aus Pappe, in den Zacken geschnitten werden, wird mit Goldpapier beklebt und mit leuchtenden Edelsteinen aus Buntpapier verziert. Der Geburtstagskönig bzw. die Geburtstagskönigin wird früh am Morgen mit einer feierlichen Zeremonie gekrönt.

Das Geburtstagskettchen

Aus einem Stück Pappe schneidet man – je nachdem, der wievielte Geburtstag gefeiert wird – die entsprechende Zahl aus, dekoriert sie mit bunten Farben, Folie, Glimmer und was man sonst gerade zur Hand hat.
Mit dem Locher wird dann vorsichtig ein Loch in die Pappzahl gestanzt, durch das wiederum ein Geschenkbändchen hindurch gefädelt und verknotet wird. Am Morgen, wenn das Geburtstagskind zum Frühstück kommt, wird ihm das Geburtstagskettchen feierlich umgehängt.

Der Thron

Kommt das Geburtstagskind zum Frühstückstisch, steht da schon der Thron bereit. Dass auch der schönste Thron einmal ganz klein als Kinderstuhl angefangen hat, wird durch die vielen Girlanden, das Samtkissen und die bunten Luftballons gut verdeckt.
Ganz besonders toll wird es, wenn starke Geschwister das Kind auf der Thron-Sänfte einmal um das Haus tragen.

Jetzt kommt Licht ins Haus

Auf dem Geburtstagstisch wird mit Teelichtern die Zahl ausgelegt, die das Kind heute an Jahren alt geworden ist. Wenn dann die Lichter brennen, singen alle Familienmitglieder das Geburtstagslied. Dann darf das Geburtstagskind tief Luft holen, alle Kerzen auspusten und sich dabei – im Geheimen – etwas wünschen.

Geschenke-Rallye

Die Geschenke liegen nicht einfach auf dem Geburtstagstisch, sondern müssen erstmal aufgespürt werden! Darum bekommt das Kind z. B. einen Faden in die Hand, den es aufwickeln muss. Am Fadenende liegt ein Geschenk und daran ist ein andersfarbiger Faden geknüpft, der den Weg zum nächsten Geschenk weist ... Das Ende der Aufwickelaktion sollte dann zur Geburtstagstorte mit brennenden Kerzen führen.

Feiern Sie den halben Geburtstag

Wer am 23. Dezember oder mitten in den Sommerferien Geburtstag hat, ist schlecht dran: Entweder hapert es mit den Geschenken (weil gerne Weihnachten und Geburtstag zusammengelegt werden) oder mit den Gästen (weil keiner da ist). Da ist Ihre Fantasie gefragt: Wie wär's mit dem »halben« Geburtstag oder mit dem Namenstag …
Halber Geburtstag wird genau zwischen den richtigen Geburtstagen gefeiert. Wer beispielsweise am 13. Juni geboren ist, feiert am 13. Dezember seinen halben Geburtstag.

Der goldene Geburtstag

Goldenen Geburtstag feiert man nur einmal im Leben und zwar dann, wenn der Tag des Datums der Anzahl der Jahre entspricht. So hat zum Beispiel ein Kind, das am 8. eines Monats acht Jahre alt wird, goldenen Geburtstag! Und weil es diesen besonderen Geburtstag eben nur einmal gibt, wird er auch ganz besonders groß gefeiert.

Das Geschenke-Tastspiel

… ist spannend und kann auch für die Zuschauer ein Riesenspaß sein. Dem Geburtstagskind werden die Augen verbunden. Es setzt sich auf seinen Geburtstagsthron und bekommt nun nacheinander ca. zehn »Geschenke« überreicht. Das Kind tastet jeden Gegenstand gründlich ab und entscheidet dann, ob es ihn haben möchte oder nicht. Denn von den zehn Tastgegenständen sind nur fünf echte Geschenke, die anderen fünf sind »Quatschgeschenke« – z. B. eine Kartoffel oder ein Schneeball, eine alte Wäscheklammer oder ein Eiswürfel … (Natürlich bekommt das Kind am Schluss *alle* seine Geschenke, auch wenn es zwischendrin eine Kartoffel gewählt hat!)

Dreimal darfst du raten!

Wer verhindern möchte, dass das Kind alle Geschenke in Minutenschnelle auspackt, der sollte sich die Mühe machen und auf die Geschenkanhänger ein paar Hinweise zum Geschenk schreiben. Das Geburtstagskind liest laut vor, was auf dem Anhänger steht und grübelt, was da wohl drin sein könnte. Dreimal darf es raten. Natürlich schaut das Kind dann gleich nach, ob es richtig geraten hat. Dann ist das nächste Päckchen an der Reihe.

Gute Vorsätze fürs neue Lebensjahr

Dieses Blödelspiel bringt Stimmung in die Bude.
Einer beginnt und ruft seinen Wunsch für das Geburtstagskind lauthals in den Raum: »Ich wünsche dir, dass du im nächsten Lebensjahr in den Fußballverein aufgenommen wirst.« Alle anderen Kinder schreien begeistert im Chor: »Au

ja!« und applaudieren, was das Zeug hält. Aber schon ruft Anna: »Ich wünsche dir, dass du dein Fahrrad wiederfindest.« »Au ja!« brüllt der Chor. Dann ist die Oma an der Reihe: »Ich wünsche dir lauter gute Noten in Mathe.« »Au ja!«, schreit das Publikum enthusiastisch. Die Wünsche werden zwangsläufig immer lustiger, besonders, wenn jeder schon zum dritten Mal an der Reihe war.

Der Überraschungsgast

Ein Überraschungsgast sitzt, verdeckt mit einem Bettlaken, im Sessel und muss vom Geburtstagskind ertastet werden. Na, da eignet sich nur ein ganz lieber, geduldiger Mensch wie die Oma, die Lieblingstante, der Papa, der extra vorzeitig von der Arbeit gekommen ist, ein lieber Freund oder eine liebe Freundin.

Extra-Überraschung

Planen Sie eine Überraschung ein, von der das Geburtstagskind nichts ahnt, z. B. ein Kasperltheater, aufgeführt von älteren Geschwistern, Freunden oder den Eltern, einen Abstecher in die Eisdiele, ein Lagerfeuer, eine Nachtwanderung mit Laternen ...

Aber bitte mit Geheimnis!

Geburtstagskuchen, Puddings, Eiscremetorten usw. werden zu besonderen Geheimnisträgern, wenn Sie bei der Zubereitung einen blitzblanken Glückspfennig, ein Gummibärchen (nur bei kalten Speisen) oder einen anderen kleinen Geheimgegenstand darin verstecken.

Ein Tag zum Verwöhnen

Na, das weiß doch jeder! So eine Geburtstagskönigin hat besondere Rechte! Sie bekommt das Essen als erste serviert, ihr Zimmer wird ihr heute selbstverständlich aufgeräumt, sie wird mit der Familienkutsche zum Kindergarten gefahren und wieder abgeholt, darf Wünsche bezüglich des Speisenangebotes äußern ...

Natürlich müssen alle, die sich zum Geburtstagskaffee versammelt haben, auf das Geheimnis aufmerksam gemacht werden, damit jeder zuerst mal in seiner

Portion nach dem geheimen Gegenstand sucht und ihn nicht aus Versehen mitfuttert.
Wer dann aber das Geheimnis in seiner Portion findet, darf den Gegenstand behalten und wird zum Kuchen- oder Puddingkönig ernannt.

Das eiskalte Geschenk

Ein besonderer »Gag« für einen Kindergeburtstag ist ein Geschenk (vorausgesetzt, es ist wasserfest), das in einer Wasserschüssel eingefroren wurde. Nach dem Gefrieren aus der Schüssel lösen, den Eisklumpen mit Schleifchen versehen und dem Geburtstagskind überreichen.

Der Tortendetektiv

Anstatt die Geburtstagstorte gleich auf den Tisch zu stellen, wird die ganze Geburtstagsgesellschaft auf Tortensuche

geschickt, und das Geburtstagskind selbst agiert als Tortendetektiv.
Im Haus und ggf. auch im Garten versteckt der Tortenbäcker viele Hinweiszettel. Jeder leitet den Detektiv durch seinen geheimnisvollen Text zum nächsten versteckten Zettel, bis er schließlich, mit Hilfe aller Gäste, den Schatz (nämlich die Geburtstagstorte) aufgespürt hat.
Tipp 1: Stellen Sie einen Wächter neben die Torte, damit sich keine »Vorkoster« wie Nachbars Pudel, Katzen und Ameisen über die Torte hermachen, während der Detektiv noch am Knobeln und Kombinieren ist.
Tipp 2: Für Kinder, die noch nicht lesen können, verstecken Sie Zettel mit Bildern von Möbelstücken oder anderen Dingen aus dem Haushalt. Unter dem Sofa finden die Kinder z. B. ein Bild vom Briefkasten. Im Briefkasten ist ein Zettelchen mit dem Bild vom Wohnzimmertisch versteckt, usw.
Geheimtipp: Verstecken Sie die Torte im Kühlschrank!

Mein Baum und ich

Ein außergewöhnliches Geschenk für ein Kind ist ein kleiner Baum. Suchen Sie in einer Baumschule zusammen ein möglichst schnell wachsendes Bäumchen aus, das genauso alt ist wie das Kind. Gemeinsam wird das Bäumchen an einem ganz besonderen Tag, zum

Beispiel am vierten Geburtstag, eingepflanzt. Ein Foto vom Kind neben seinem Baum wird in ein Büchlein geklebt. Natürlich werden Baum und Kind genau gemessen und die Maße neben dem Foto ins Büchlein eingetragen. Jedes Jahr, am Einpflanztag des Bäumchens, wird wieder ein Foto von Baum und Kind geschossen und auf diese Weise das Wachstum der Beiden über die Jahre dokumentiert.

Geschenke für die Gäste: ja oder nein?

Das ist Ansichtssache. Zumindest Jüngere (ebenso wie jüngere Geschwister) können es nur schwer verstehen, dass da nur einer mit Geschenken überhäuft wird und sie leer ausgehen sollen. Da ist es doch eine nette Geste, wenn für alle »Überraschungsballons« (s. unten) bereitliegen. Wer mehr Zeit und Aufwand nicht scheut, kann auch mit den kleinen Gästen gemeinsam Spielteig verarbeiten (➜ S. 9).

Der Baum sollte aber nicht nur an einem Tag im Jahr eine Rolle spielen: Er kann betastet und beschnuppert werden, man kann seine Äste zählen und anfangs wahrscheinlich sogar die Blätter und die Früchte. Irgendwann aber kann man sich in seinen Schatten setzen und träumen, kann ihm Dinge anvertrauen, die sonst niemanden etwas angehen, weil so ein Freund beständig ist und zum Glück nie schlechte Laune hat.

Überraschungsballons

Die Ballons werden vor dem Aufblasen jeweils mit einer kleinen Überraschung gefüllt. Dafür eignen sich z. B. Bonbons, winzige Spielzeugtiere oder Spielzeugautos, Murmeln, Fünfcentstücke, Ministifte.

Wenn die Ballons dann platzen, kommen noch ein paar nachträgliche Geburtstagsüberraschungen zum Vorschein.

Popcorn

Popcorn bringt Stimmung auf jeden Kindergeburtstag. Allein schon die abenteuerliche Zubereitung! Geben Sie jedem Gast eine große Kaffeefiltertüte und füllen Sie diese mit Popcorn! Nun kann sich jeder ganz nach Geschmack sein Popcorn aus den bereitstehenden Schälchen mit Salz oder Zucker, flüssiger Butter oder Parmesankäse würzen.

Überraschungen von früh bis spät

Geburtstag feiert man einen Tag lang, darum sollte es eigentlich auch den ganzen Tag lang immer wieder mal ein Geschenk geben. Das könnte dann etwa so aussehen: Früh am Morgen findet das Geburtstagskind anstelle seiner Zahnbürste ein längliches Päckchen, öffnet es und entdeckt darin eine nagelneue Zahnbürste. Das Pausenbrot ist heute auch als Geschenk verpackt, im Federmäppchen steckt ein neuer Stift, mittags steht eine verpackte Flasche Lieblingsgetränk auf dem Tisch, und so geht es den ganzen Tag weiter. Es müssen ja keineswegs große Dinge sein. Im Gegenteil! Gerade die kleinen Extras machen Spaß.

Der Geburtstagsspaziergang

Kinder bekommen zum Geburtstag oft so viele Geschenke, dass manche kleinen Präsente gar nicht mehr gewürdigt werden können. Wenn Sie für das Kind ein kleines Geschenk zur Seite legen, um es später, z. B. auf einem abendlichen Geburtstagsspaziergang, unauffällig in einem hohlen Baumstumpf zu verstecken, wird die Freude doppelt groß sein.

Das Geburtstagsandenkenbuch

In ein schönes großes Leerbuch werden Fotos eingeklebt, die an den jeweiligen Geburtstagen des Kindes entstanden sind. Wer will, schreibt noch dazu, welche Gäste kamen, welche Geschenke es gab, und für die Glückwunschkarten ist bestimmt auch noch Platz. Sind die Gäste groß genug, dürfen sie etwas hineinmalen oder -schreiben. Eine schöne Erinnerung, die jedes Jahr an Wert gewinnt.

Die Nachfeier

Wie schade, wenn das Fest so schnell vorübergeht! Und wie gut, dass noch ein paar Dinge übrig geblieben sind! Ein bisschen Kuchen vielleicht, ein paar Luftballons, Servietten, Tischkärtchen usw. Da kann man prima mit dem Lieblingskuscheltier, mit Hund Paul oder zur Not auch mit der großen Schwester eine klitzekleine Nachfeier veranstalten.

4.
Nur du und ich

So schön es ist, in einer Familie zu leben und vieles gemeinsam zu unternehmen – so schön ist es auch, wenn man die Mama oder den Papa mal ganz für sich alleine hat. Da kann die große Schwester zum Beispiel allein mit der Mama einen kleinen Einkaufsbummel machen, während der Papa vielleicht mit dem kleinen Bruder am Nachmittag den örtlichen Fußballverein lautstark unterstützt, das Fahrrad auf Vordermann bringt oder eine Kinderzimmer-Alarmanlage bastelt.

Ich bin du, und du bist ich

Eine tolle Idee: Wir tauschen einfach mal die Rollen! Während das »neue« Kind nörgelt, dass es ihm viel zu langweilig ist, darf die »neue« Mama das Telefon beantworten, den Tisch decken, den Pudel Paul füttern und gleichzeitig noch das Einmaleins abfragen, während sie die Blumen gießt. Allerdings hat sie in diesem Moment auch die Hoheit über den Radiosender und die Dose mit Süßigkeiten. Hat eben alles seine Vor- und Nachteile. Auf jeden Fall schärft dieses Spiel den Blick des Kindes für die Gedanken, Sorgen und Gefühle der Mama und vermittelt auf die beste Weise Einsicht in ihre Absichten.

Spaziergang zu zweit

Gehen Sie regelmäßig mit Ihrem Kind spazieren, egal bei welchem Wetter und zu welcher Jahreszeit. Das lockert nicht nur die Muskeln sondern auch die Worte. Viele Dinge lassen sich auf so einem Spaziergang leichter sagen. Ist dieses Spaziergang-Ritual einmal eingeführt, nutzen es später auch die oft verstummten Teenager, um sich etwas von der Seele zu reden.

Es war einmal …

Kinder lieben es, Fotos aus vergangenen Zeiten anzuschauen.
Dazu kuschelt sich die Mama mit dem Kind gemütlich in den Sessel, und dann erzählt einmal das Kind und einmal die Mama, was ihnen so zu den Fotos von früher einfällt. Eine gemütliche Rückblick-Kuschelstunde zu zweit.

Die Extra-Haut

Papas ausgewaschenes T-Shirt ist als Nachthemd für die Tochter gerade richtig. Sie fühlt sich dem Papa verbunden und so wohlig geborgen in dieser Extra-Haut.

Tandem

Leihen Sie für ein paar Stunden ein Tandem aus und machen Sie eine außergewöhnliche Radtour mit Ihrem Kind.
Tipp: Im Branchenbuch unter »Fahrradverleih« nachschauen!

Niemand da?

Wenn Sie wissen, dass Ihr Kind heute nach Hause kommt und niemand da ist, dann bereiten Sie ihm eine besondere Überraschung vor: Der Weg von der Haustür bis zum Zimmer des Kindes ist mit lauter kleinen Klebezettelchen markiert. Auf den Zetteln steht entweder etwas Nettes, oder es ist ein Herz, Smilie oder etwas anderes Lustiges darauf gemalt. Natürlich kann hie und da auch mal ein Gummibär auf einem Zettel liegen oder ein Keks, ein Luftballon …
Extratipp: Statt der Zettel säumen die Kuscheltiere und Puppen des Kindes den Weg vom Hauseingang bis zum Kin-

derzimmer. Sie halten den Keks oder Luftballon zwischen den Pfoten, oder er ist im Kleidchen versteckt.

Die Souvenirkiste

Auch Kinder blicken schon gerne einmal zurück in ihre Vergangenheit. Prima geeignet, um die Erinnerungen wach zu halten, ist eine Souvenirkiste. In ihr wird alles Wertvolle gesammelt, was sich im Laufe der Zeit so ergibt, z. B. die allerersten Babysöckchen, ein Schnuller, eine Locke oder Haarsträhne vom ersten Haarschnitt, das allererste Pflaster, die Spieluhr usw. Alle Sammelstücke werden sorgsam beschriftet, damit man später nicht durcheinander kommt. Das Wichtigste aber: Bei jedem Besuch der Kiste wird ein weiteres Souvenir dazu gepackt. Diesmal vielleicht die Kindergartentasche, ein Stück von der Schultüte oder ein Milchzahn.

Das Dableibsel

Wenn die Mama oder der Papa für eine Weile verreisen müssen, ist ein Dableibsel beinahe noch wichtiger, als ein Mitbringsel.

Das Dableibsel wird in eine bestimmte Kiste gelegt oder in einen besonderen Koffer, und natürlich darf das Kind das Behältnis erst öffnen, wenn Papa oder Mama gegangen ist!

Als Dableibsel eignet sich jedes Spielzeug, Buch oder Spielgerät, mit dem sich das Kind alleine beschäftigen und die Langeweile vertreiben kann. Ein Pulli, der so wunderbar nach Mama riecht, oder Papas Spezialkugelschreiber könnten natürlich auch noch in der Dableibsel-Kiste liegen.

Zeit für Kinder

Machen Sie Ihrem Kind das größte Geschenk, das Sie geben können: Ihre Zeit und Ihre ungeteilte Aufmerksamkeit. Achten Sie darauf, dass die Quantität zwar wichtig, die Qualität aber entscheidend ist.

Extratipp: *Versuchen Sie, konsequent jeden Tag eine halbe Stunde mit ihrem Kind allein zu verbringen und sich voll und ganz auf das Kind und seine Bedürfnisse, Interessen und Neigungen zu konzentrieren. Schalten Sie vor den Augen des Kindes Telefon, Handy und, wenn möglich, auch die Türklingel ab. Während der gemeinsamen Zeit ist Schimpfen verboten!*

»Warte auf mich«-Geschenke

Mama oder Papa sind verreist – halb so schlimm, wenn man für jeden Tag der Abwesenheit ein klitzekleines Geschenk bekommt. Die Geschenke werden nett verpackt, mit dem Datum des Öffnungstages beschriftet und nebeneinander z. B. auf dem Fensterbrett im Kinderzimmer aufgereiht. Immer dann, wenn einem der Papa oder die Mama besonders fehlen, wird ein Geschenk geöffnet.

Tipp: Als Geschenke eignen sich natürlich besonders solche Sachen, mit denen man sich auch allein die Zeit vertreiben kann: ein Steckspiel, ein Rätselheft, Briefmarken, die man erst noch ablösen und dann einordnen muss, ein paar Witze, die man aus Illustrierten ausschneidet, Buchstabennudeln, mit denen man Wörter legen kann etc.

Die Puzzlepost

... für ein daheim gebliebenes Kind verkürzt die Wartezeit. Zuerst legen Sie den Text fest, z. B.:

Liebe Sarah,
ich freue mich schon sehr auf Samstag, wenn du mich vom Flughafen abholst.
Dein Papa

Dann kaufen Sie (in diesem Fall) 17 Ansichtskarten, schreiben auf jede nur ein Wort und schicken den ganzen Stapel, aber jede Karte einzeln, an das Kind. Auch wenn der Briefträger Sie für verrückt erklären wird, das Kind freut sich ganz bestimmt!

Wunschkuss

Beim Küssewünschen darf das Kind angeben, welche Art Kuss es von der Mama oder dem Papa möchte. Zum Beispiel gibt es die Küsse für Prinzen und Prinzessinnen. Sie sind etwas distanziert, voller Höflichkeit, zielen auf den Handrücken und werden begleitet von manch artigem Kompliment für die kleine Hoheit. Dann gibt es die rauen, aber herzlichen Seeräuberküsse, die Schmetterlingsküsse, bei denen beide ganz hektisch mit den Augenlidern klappern, die Eskimoküsse, bei denen man nur die Nasen aneinander reibt, kratzige Räuberküsse, zu deren Gelingen man den Papa mit vielen Bartstoppeln braucht, und viele kreative, leise hingehauchte oder schlabbrig schmatzende Küsse mehr.
Der allerwichtigste Kuss aber ist immer der »Kuss für später«, und der geht so:

Kinderfoto

Tragen Sie immer ein Foto Ihres Kindes in Ihrer Brieftasche mit sich, und schauen Sie es so oft wie möglich an. Es gibt Kraft, Mut, Trost und erinnert Sie daran, dass Sie doch versprochen hatten, heute Abend bei der Theateraufführung der Schule dabei zu sein, am Wochenende die Eisenbahn aus dem Keller zu holen ...

Ein Kuss für später

Ein Kind, das etwas vor sich hat, vor dem es sich ein klitzekleines bisschen fürchtet, bekommt heimlich von der Mama einen Kuss in die Handfläche gedrückt. Die Kinderhand wird eingerollt, und das Kind hält den Kuss ganz fest, denn der ist für später, wenn es dann ohne Mama im Kindergarten bleibt, zum ersten Mal mit der Ballettgruppe auf der Bühne steht, im Kinderchor mitsingen darf, etc.

Reden ist Silber, Zuhören ist Gold

Mit dem Kind reden ist sehr wichtig. Ihm zuhören aber ist noch wichtiger! Wenn Sie im Gespräch mit Ihrem Kind sind, widmen Sie ihm Ihre ungeteilte Aufmerksamkeit. Dasselbe gilt fürs Zuhören.

Hochverehrtes Publikum

Hier kommt das Fingerpuppentheater! Wer zu krank oder zu verärgert ist, um ganz normal mit anderen Kindern zu spielen, darf dafür eine Vorstellung des Fingerpuppentheaters besuchen.

Als Bühne dient eine Schachtel für Kosmetiktücher, deren Seitenfläche herausgeschnitten wurde. So können Sie die Hand in die Schachtel schieben und die Püppchen in dem ovalen Ausschnitt herumtanzen lassen. Die Fingerpüppchen sind einfach herzustellen: Erdnussschalen über die Finger stülpen und Gesichter darauf malen. Winzige Hüte aus Papier oder Haare aus Wollfäden helfen dabei, die Figuren zu unterscheiden.

Lach doch mal!

Lachen verbindet. Egal, was gerade das Kind beschwert, Lachen lockert und ist der Schlüssel zu jedem Kinderherz.
Kaufen Sie ein Buch mit netten Kinderwitzen und lassen Sie immer wieder mal einen Witz einfließen.
Tipp: *Besonders lustige Kinderwitze und Cartoons aus der Zeitung ausschneiden und sie dem Kind an geheimen Plätzen verstecken, z. B. im Federmäppchen, unter dem Kopfkissen, in der Jackentasche, unter der Frühstückstasse …*
Extratipp: *Kinder lachen in der Regel über ganz andere Witze als Erwachsene. Beim Ausschneiden müssen Sie also an den Geschmack Ihres Kindes denken!*

Der »Alles wieder gut«-Tanz

Zu fröhlicher Musik nimmt die Mama das Kind auf den Arm und tanzt mit ihm durch die Wohnung. Der besondere Spaß daran: Die Mama setzt oder legt das Kind immer dort kurzzeitig ab, wo Kinder normalerweise nicht sitzen: im Kartoffelkorb, auf dem Kühlschrank, im Waschbecken, im Bücherregal …

Kleine Briefchen

Kinder im ersten Lesefieber freuen sich über kleine Briefchen mit einem lieben Satz oder einer Neuigkeit, einem Witz oder was einem sonst gerade einfällt. Die »Briefchen« schreibt man am besten auf »Post-it«-Zettelchen und klebt sie zur Überraschung des Empfängers auf den Frühstücksteller, an die Gummistiefel, ans Fahrrad …

Tipp: Die Briefe für Leseanfänger nur in gut lesbarer Druckschrift schreiben!

Extratipp: Erstleser staunen über eine Geheimbotschaft in Spiegelschrift. Erst wenn man sich mit dem Zettel vor den Spiegel stellt, kann man die Botschaft entziffern.

Mein Stern

An einem besonderen Abend, an dem der Himmel klar ist und tausend Sterne um die Wette glitzern, geht der Papa mit dem Kind hinaus, und das Kind darf sich einen Stern am Himmel aussuchen. Der ausgewählte Stern sollte in der Nähe eines markanten Sternbildes angesiedelt sein, damit man ihn leichter wiederfindet. Während des folgenden Jahres wird in jeder sternklaren Nacht nach diesem besonderen Stern Ausschau gehalten. Vielleicht kann das Kind mit Papas Hilfe sogar eine Sternenkarte malen. Außerdem können die beiden gemeinsam darüber spekulieren, wer wohl auf diesem Stern wohnt, wie der Stern heißt, welche Tiere es dort geben könnte, wie wohl die Pflanzen aussehen könnten usw.

Das Gutenachtgeschichten-Lotto

Für dieses Spiel brauchen Sie ungefähr 40 kleine Zettel. Zusammen mit dem Kind werden möglichst lustige Wörter gesammelt und jedes auf ein Zettelchen geschrieben, z. B.: Gurkensalat,

Zwetschgenkern, geheimnisvoll, planschen … Die Zettelchen werden zusammengefaltet und in eine Schachtel gelegt.
Vor dem Schlafen, wenn das Kind gewaschen im Bett liegt, darf es drei »Lose« aus der Lotto-Schachtel ziehen. Der Geschichtenerzähler liest die Wörter auf den Losen vor und erfindet eine möglichst lustige Geschichte, in der nun diese drei Wörter unbedingt vorkommen müssen. Wirklich toll, was für ein Quatsch da herauskommt, und das Kind lacht sich dabei kringelig.

Geheimnisse

Heimlichkeiten zwischen Papa und Kind sind etwas Wunderbares und stärken die Bande zwischen den Geheimnisträgern. Kinder sind stolz und platzen fast vor Spannung, wenn sie so ein wichtiges Geheimnis, z. B. Vorbereitungen für Mamas Geburtstagsfeier, mit sich herumtragen.
Ganz besonders spannend ist es, wenn Papa und Kind sich einer Geheimschrift bedienen und sich lauter kleine Geheimbotschaften zustecken.

Schmusezeit

Diese Zeit gehört ausschließlich dem Kind. Natürlich dient die Schmusezeit nicht nur dem Schmusen und Kuscheln selbst. Hier ist auch Zeit für wichtige Gespräche oder Erklärungen. Oft können Kinder in dieser Schmusezeit all die Dinge loswerden, die auf ihrer Seele lasten, oder genau die Fragen stellen, die sie sich vielleicht in der Hektik des Alltags verkniffen haben. Ängste und Sorgen werden herausgelassen und lösen sich vielleicht sogar im Gespräch auf. Die daraus resultierende, wohltuende Entkrampfung wirkt sich in jedem Fall positiv auf die Beziehung zwischen Kind und Mama oder Papa aus.

»Guten Abend«-Gedanken

Wenn die Mama oder der Papa abends noch am Bett des Kindes sitzen, könnten sie einen dieser Sätze vorgeben, und das Kind denkt nach, wie es den Satz ergänzen würde. Dann ist aber die Mama oder der Papa an der Reihe, den Satz zu ergänzen. So erfährt man eine Menge über die Wünsche, Träume, Ängste und Wertvorstellungen des anderen.

- Es ist noch gar nicht lange her, da wollte ich …
- Ich wünschte, ich könnte …
- Nichts auf der Welt könnte mich dazu bringen …
- Wenn ich den Mut hätte, würde ich gerne einmal …
- Wenn ich auf dieser Welt eine Sache ändern könnte, so wäre das …

5.
Das hast du dir verdient

Es gibt viele kleine und große Siege in einem Kinderleben. Wie schön, wenn die Eltern den Sieg erkennen und auf den Erfolg entsprechend reagieren. Natürlich liegt im Gelingen selbst die größte Belohnung für das Kind. Das Erlebnis, ohne Stützräder Fahrrad fahren zu können, ist für das Kind sehr befriedigend. Aber wenn niemand hinschaut und sich mitfreut, bringt es eben nur den halben Spaß. Lassen Sie diese kleinen Siege nicht einfach vorüberziehen, sondern feiern Sie sie mit Ihrem Kind.

Einmal König oder Königin sein ...

... möchte jedes Kind so gern. Sie müssen gar nicht bis zum nächsten Geburtstag warten. Anlässe gibt es doch viele:

- Das Kind braucht keine Windeln mehr.
- Das Kind kann ohne Schwimmflügel schwimmen.
- Das Kind kann ohne Stützräder Fahrrad fahren.
- Das Kind wird aus dem Krankenhaus entlassen
- Der erste Milchzahn ist ausgefallen.

Eine Krone aus Pappe und Goldpapier kann zusätzlich noch mit »Edelsteinen« (Smarties oder bunt glänzende Papierkügelchen) beklebt werden.

Lob für Schüler

Lobende Bemerkungen, die von den Lehrern in die Schulhefte geschrieben werden, sind es wert, dass man sie kopiert, vergrößert und für alle sichtbar an die häusliche Pinnwand heftet. Denken Sie daran, dass es für Tom eine größere Leistung ist, von einer Sechs in Mathe auf eine Fünf zu kommen, als für Luisa, die zwölfte Eins in Folge zu schreiben. Individualisieren Sie also Ihr Lob.

Der Tellerkranz

Dass hier jemand etwas Besonderes getan hat, merken alle Familienmitglieder spätestens, wenn sie sich zum Essen um den Tisch versammeln. Der Teller des Kindes, das es heute zu feiern gilt, ist mit einem Kranz Blumen umgeben. Das sieht wunderschön aus. Wem gerade keine Blumen zur Verfügung stehen, der legt das Tellerkränzchen aus Gummibären, bunten Kaugummikugeln, Stickern ...

»Oscar«-Verleihung

Machen Sie viel Aufhebens um außergewöhnlich positive Leistungen der Kinder! Das kann eine gute Note sein oder eine soziale Heldentat (den kleinen Nachbarsbuben auf dem Schulweg vor Angreifern geschützt), eine Aktivität zur Bereicherung des Familienlebens und vieles mehr. Verleihen Sie einen »Oscar«, wenn die ganze Familie versammelt ist, und sorgen Sie dafür, dass jedes Familienmitglied abwechselnd auf diese Weise geehrt wird. Ein solcher Oscar könnte so aussehen wie auf der Abbildung oder auch ganz anders. Wichtig ist nur, dass alle Oscars von der Grundstruktur gleich sind. Einfach zwei Plastikbecher aufeinander kleben und mit Süßigkeiten, Nüssen oder ähnlichem füllen.

Der Überraschungssack

In einen Überraschungssack kommen z. B. Kinderkassetten (vom Flohmarkt), winzige Spielzeugautos, Luftballons, Sticker, Schlümpfe, ein Jo-Jo (oder was gerade »in« ist und gesammelt wird). Wer eine besondere Überraschung verdient, darf mit geschlossenen Augen in den Überraschungssack greifen und sich ein kleines Extra-Geschenk herauspicken. Noch spannender wird es mit einer *Überraschungsschachtel:* Eine Schachtel wird randvoll mit Popcorn gefüllt. Dann vergräbt man winzige Überraschungen darin. Immer wenn das Kind eine kleine Überraschung verdient oder eine Aufheiterung braucht, darf es im Popcorn nach einem kleinen Schatz suchen.

Bitte mal herhören!

Loben Sie Ihr Kind auch im Beisein der Großeltern, Freunde und Verwandten. Das macht stolz!

Überraschungs-Eier

Für jedes Überraschungs-Ei braucht man eine halbe Eierschale und ein kleines, gelbes Zuckerküken oder ein anderes essbares Tierchen, das es beim Konditor gibt. Die Herstellung der Überraschungs-Eier ist einfach. Das Küken kommt in den Eierbecher. Die halbe Eierschale wird darüber gestülpt, so dass es aussieht, als stünde ein ganz normales, gekochtes Ei im Eierbecher. Eine lustige Überraschung für die Kleinen.

Auf dein Wohl!

Mindestens einmal an diesem Tag sollte die ganze Familie gemeinsam auf den Erfolg des Kindes anstoßen, ganz egal, ob es sich dabei um eine bestandene Prüfung, eine mutige Tat oder zumindest den Versuch handelt, ein Problem selbst zu lösen. Die Bandbreite ist hier sehr groß, und nahezu alle besonderen Taten sollten auch gebührend ins Licht gesetzt werden.
Zum Anstoßen wird zuerst ein besonderes Getränk gebraut, das es nur für solche Gelegenheiten gibt, z. B. *Pfefferminzkakao:* Eine Kanne Pfefferminztee aufbrühen und nach Geschmack etwa drei Esslöffel gesüßtes Instant-Kakaogetränk (und zwar solches, das mit Wasser zubereitet wird) einrühren. Dann heben alle ihre Kakaobecher und trinken »Auf dein Wohl!«

Das stumme Lob

Nicht jedes Lob verlangt große Worte. Manchmal ist es nur ein Zuzwinkern, ein Schulterklopfen, ein Lächeln oder ein »Daumen hoch«-Zeichen, das alles sagt, ganz ohne Worte.

Das Knusper-Namensschild

Diese knusprige Überraschung ist wirklich sehr schnell hergestellt und dabei ein toller Anblick.

Auf einen großen Butterkeks schreibt man mit Zuckerstift (die gibt's fertig im Supermarkt zu kaufen) den Namen des Kindes und den Anlass der Überraschung, z. B.: »Supersportler«, »Mathegenie« ... Zusätzlich kann man den Keks noch verzieren und schließlich auf einem kleinen Teller mit oder ohne Kerze servieren.

Der Goldtalerorden

Damit auch wirklich jeder sehen kann, wer heute gefeiert wird, gibt es den Goldtalerorden. Wer es ganz feierlich haben will, der legt den Orden auf einem kleinen Samtkissen bereit und verleiht ihn dann dem Kind vor den Augen aller Familienmitglieder.

Tipp: Wer ungern Süßigkeiten »verleiht«, kann den Orden auch aus zwei Bierdeckeln herstellen, die mit Goldfolie beklebt und mit Glitzerkram verziert werden. Oder eine große schöne Blüte auf ein Stück Pappe malen, ausschneiden und mit Klebestreifen eine Sicherheitsnadel auf die Rückseite kleben.

Die Bildergalerie

Die Lust der Kinder am Malen, Basteln, Handarbeiten, Schönschreiben usw. hängt in großem Maße von der Art und Weise ab, wie sehr sich die Familienmitglieder für diese Arbeiten interessieren, ob und wie die Werke gelobt und bewundert werden. Große Familien haben meistens nicht den nötigen Platz, um alle Meisterwerke aufzuhängen. Gute Dienste leistet da eine Wäscheleine, die man bspw. im Flur an der Wand spannen kann. Daran lassen sich die Bilder, Blätter, Siegerurkunden usw. mit Büro-

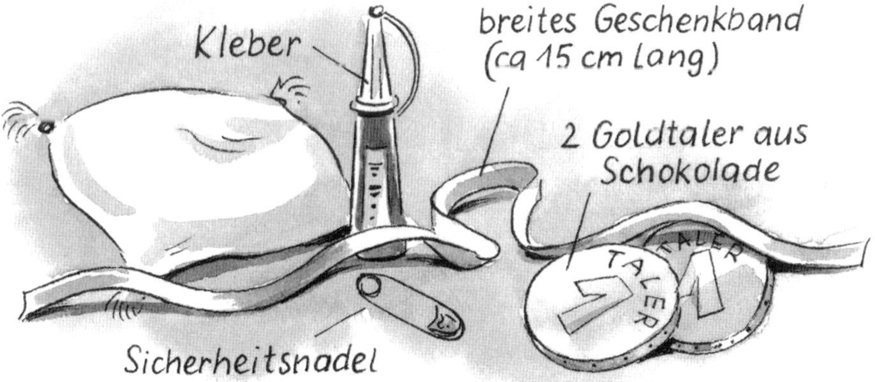

klammern oder Mini-Wäscheklammern prima aufhängen. Oder Sie wählen aus und rahmen ein Bild, das Ihr Kind gemalt hat, ein und stellen es auf Ihren Schreibtisch. Nicht vergessen, die Exponate laufend auf dem neuesten Stand zu halten!

Die Wackelpudding-Überraschung

Alle bekommen ein Schälchen mit Wackelpudding zum Nachtisch, aber das Kind, das sich heute eine besondere Belohnung verdient hat, findet in seinem Wackelpudding noch eine klitzekleine Extra-Überraschung, z. B. ein Matchbox-Auto, einen Armreif, eine in Klarsichtfolie verpackte Euromünze.

Am laufenden Band

Jetzt wird es sehr spannend! Zehn gleiche Gefäße, z. B. Tassen, werden kopfüber nebeneinander auf den Tisch gestellt, und unter jedem ist ein kleines Geschenk (Bonbon, Kaugummi, Bleistift ...) versteckt. Das Kind geht langsam, aber zielstrebig an den Tassen vorbei, darf jede einen Augenblick lang anheben und muss sie gleich wieder abstellen.
Dann geht's los! Das Kind begibt sich wieder zurück zur ersten Tasse und soll angeben, was darunter versteckt ist, z. B.: »Unter dieser Tasse liegt ein Schokoladenkeks.« Stimmt die Angabe, darf das Kind das Geschenk behalten.
Wer besonders gut aufgepasst hat, kann also auf diese Weise zehn Geschenke erbeuten!

Der Wickel-Wuckel-Wackelzahn

Kurz vor dem Schuleintritt beginnt die Zeit der Wackelzähne. Was für ein tolles neues Gefühl im Mund und was für ein Spaß, wenn Omas, Tanten und Onkel entsetzt aufheulen, weil man ihnen etwas vorwackelt!
Wackelzähne müssen gefeiert werden! Ein Wackelzahn, der abends unter das Kopfkissen gelegt wird, verwandelt sich doch tatsächlich bis zum frühen Morgen in ein blitzblankes Eurostück oder ein anderes kleines Geschenk! Kleine

Zuschauer

Aktive Kinder brauchen aktive Eltern. Deshalb: Niemals versäumen, an einem Theaterstück, Konzert, Liederabend oder einer Sportveranstaltung teilzunehmen, bei der das Kind mitmacht. Und applaudieren, was das Zeug hält! Die größte Belohnung für das Kind ist das ernsthafte Interesse der Eltern an seiner Person, an seinen Freunden, Leistungen und Hobbys.

Meisterwerke-Sammelordner

Bilder, Karten und Briefe, die Sie im Laufe der Jahre von Ihrem Kind bekommen, werden am besten in einem eigenen Ordner gesammelt und jedes neues Stück – vor den Augen des Gebers – sorgfältig dazu geheftet. An einem gemütlichen Sonntag schauen Sie dann mit dem Kind gemeinsam die Werke an und betonen noch einmal, wie sehr Sie sich über diese Geschenke freuen.

Samtbeutelchen, die als Verpackung von Schmuckstücken dienen, oder kleine Schmuckschächtelchen eignen sich vorzüglich als Milchzahndepot!
Auf keinen Fall vergessen, das Kind mit Zahnlücke zu fotografieren!

Das Mini-Feuerwerk

Heben Sie von Silvester ein paar kleine Teile wie Tischfeuerwerk oder extra dicke »Wunderkerzen« auf und zünden Sie dann so ein Exemplar abends »zur Feier des Tages« an.

Das Candlelight-Dinner

Ganz besondere Leistungen werden auch gebührend gefeiert. Ein gemeinsames Abendessen mit der ganzen Familie, für das sich jeder besonders fein anzieht, gibt dem besonderen Anlass einen festlichen Rahmen. Das erklärte Lieblingsessen des Kindes auf dem »guten« Geschirr, schön gefaltete Servietten und Kerzen im ganzen Raum geben zusätzlich noch eine feierliche Note.

6.
Coole Sommerabenteuer

Sonne satt und wohlige Wärme – so wünschen wir uns den Sommer. Und spätestens am Wochenende lassen sich die tollsten Abenteuer im Wald und auf der Wiese erleben …

Lachend kommt der Sommer

Hits für Kids zum Sommeranfang:

- Ein Überraschungspicknick auf einer nahe gelegenen Wiese, am Waldrand oder im Stadtpark veranstalten, zu dem man auch ein paar Freunde einladen darf.
- Ein paar Sommerlieder aus Musikbüchern heraussuchen und gemeinsam singen, z. B. »Lachend kommt der Sommer«.
- Eine Nacht im Zelt schlafen. Wer keinen Garten hat, schläft ersatzweise auf dem Balkon oder baut das Zelt bei Freunden im Garten auf.
- Einen Sommerferien-Wartekalender basteln. Dabei werden auf einem großen Bogen Papier so viele kleine Ausmaltiere, Blumen, Häuser usw. gemalt, wie Tage zwischen heute und dem Beginn der Sommerferien stehen. Jeden Tag darf sich das Kind ein Bildchen aussuchen und es ausmalen.

Sonnenaufgang – Sonnenuntergang

Die wirklichen Highlights im Leben sind immer kostenlos. So auch in diesem Fall: An einem schönen Tag am Wochenende oder in den Sommerferien stehen alle ganz früh auf, gehen nach draußen und betrachten zusammen den Sonnenaufgang.
Am selben Tag wird der Sonnenuntergang bestaunt.

Das Baumhaus

Ein Baumhaus (oder einen ebenerdigen Unterschlupf) zu bauen, ist natürlich eine ziemlich aufwändige Sache. Aber lohnen tut es sich bestimmt. Ich kenne eine Großmutter, die noch heute davon schwärmt, wie sie einst mit ihrem Vater ein Baumhaus baute. Vielleicht gibt's doch einmal ein Wochenende, an dem nicht so viel los ist und die Zeit für das Baumhausbauen genau richtig wäre ...

100 Prozent Eigenleistung

Bringen Sie den Erfolg des Kindes nicht mit Ihrer Unterstützung in Verbindung. Selbst wenn Sie bei dem Papierflieger ein bisschen mitgeholfen oder vor dem Test mit dem Kind geübt haben. Das Kind muss den Erfolg als Eigenleistung verbuchen können, sonst wird es unsicher und glaubt, dass der Erfolg von Ihrer Mithilfe abhängt.

Sonnentee

An einem sehr heißen Tag können Sie den Tee mit Sonnenwärme kochen:
In eine große Glasflasche werden viele frisch gepflückte und gewaschene Minzeblätter gesteckt und mit kaltem Wasser übergossen. Nachdem Sie die Flasche fest verschlossen haben, wird sie für zwei Stunden in die pralle Sonne gestellt. Dann wird der Sonnentee abgegossen, nach Belieben gesüßt und mit Eiswürfeln gekühlt getrunken.

Eisbären und anderes Tiefkühlgut

Gummibärchen werden für einige Stunden in das Tiefkühlfach gelegt. Ein kleiner Joghurtbecher wird mit abgekochtem und abgekühltem Wasser gefüllt. Dann holt man die »Eisbären« aus dem Tiefkühlfach und lässt sie ins Wasser plumpsen. Dieser Becher kommt erneut für mehrere Stunden in das Tiefkühlfach, bis das Wasser durch und durch gefroren ist.
Nun den Eisklumpen aus dem Becher lösen und dem Kind zum Auftauen, Freuen und natürlich zum Futtern schenken.

Loben können Sie gar nicht oft genug

Ein Lob, das ehrlich gemeint ist, spontan oder gezielt von einer geliebten Person gegeben wird, ist das beste, das sicherste und das am schnellsten wirkende Erziehungsmittel. Ein Lob ist wie ein Kompliment, es macht glücklich, bestärkt, wirkt positiv auf das Selbstwertgefühl und kostet dabei den Absender gar nichts. Loben kann man eigentlich gar nicht oft genug. Trotzdem darf man nicht inflationär damit umgehen. Wenn ein Kind bspw. nur, weil es eine halbe Stunde lang seinen kleinen Bruder nicht geärgert hat, gleich mit Worten wie: »Du bist der tollste Bruder der Welt«, bedacht wird, schrumpft die Wirkung des Lobes oder geht vielleicht sogar ganz zugrunde. Das Lob muss der Tat oder der Situation angemessen sein und immer individuell gegeben werden.

Froschkuchen mit Schlagsahne

Ein ganz besonderer Kuchen für kleine Leckermäuler. So wird's gemacht: Grüner Wackelpudding wird nach der Anleitung auf dem Päckchen zubereitet. Dann eine runde Kuchenform mit Obst auslegen. Im Sommer ist das Obst natürlich frisch. Wer dennoch einmal Obst aus der Dose verwendet, der sollte darauf achten, dass es sehr gut abgetropft ist, bevor es auf dem Boden der Kuchenform arrangiert wird. Bananenscheiben, Kiwischeiben, Pfirsichspalten und Scheiben von Sternfrüchten eignen sich besonders gut, weil sie so dekorativ sind. Über die Früchte wird der abgekühlte Wackelpudding gegossen. Dann wird die Form für ein paar Stunden in den Kühlschrank gestellt, bis die Masse fest geworden ist. Die Oberfläche des Kuchens wird mit Sahne und einzelnen schönen Früchten verziert. Eine tolle Erfrischung für kleine und größere Frösche an heißen Sommertagen.

Ein Herz im Gras

Wenn der Rasen gemäht werden muss, mäht man zuerst ein riesiges Herz in die Wiese, das das Kind von seinem Fenster aus sehen kann. Im Winter klappt das auch prima mit einer Schneefräse im Schnee.

Ein Spielzelt im Garten

Es macht gar nichts, wenn man kein »echtes« Zelt besitzt, im Gegenteil: Eines selber zu basteln, ist genauso toll! Alles, was man dazu braucht: eine große Decke (Plane), ein paar schwere Steine, ein paar Wäscheklammern und eine Wäscheleine.
Zunächst sucht man sich zwei Bäume, die nicht allzu weit voneinander entfernt sind, und spannt zwischen ihnen eine Wäscheleine. Über die Wäscheleine wird die Decke (Plane) gehängt und an der Leine mit Wäscheklammern festgezwickt. Die Kanten der Decke werden etwas nach außen gezogen und am Boden mit den Steinen gefestigt. Fertig ist das Spielzelt!
Wer Lust hat, kann in einer warmen Sommernacht auch darin schlafen. Wichtig ist dann eine warme Inneneinrichtung und eine wasserdichte Plane, die man zusätzlich als Regenschutz über die Zeltdecke spannt.

Auf Safari

Alle Stofftiere des Kindes werden zuerst in einem Korb gesammelt, bevor der Papa in den Garten schleicht und die Tiere im Freien versteckt. Der Elefant versteckt sich unter den Rhabarberblättern, die Gans Auguste balanciert auf dem Gartenzaun, der Teddy schläft in einer Astgabel, und Kater Karlo blinzelt hinter der Gießkanne hervor. Sind alle Tiere versteckt, geht das Kind auf »Safari«, bemüht, alle Tiere in der Wildnis aufzuspüren.

Eissorten-Designer

Was für ein toller Berufswunsch: Eissorten-Designer!
Erfinden Sie heute zusammen mit Ihrem Kind das beste Eis der Welt! Als Grundlage empfiehlt sich Vanilleeis, in das Sie nun, je nach Wunsch des Kindes, verschiedene Zutaten rühren, z. B. klein geschnittene Früchte, Nüsse, gehackte Schokolade, Nutella oder Erdnussbutter, Rosinen, Smarties, Gummibären, ge-

hobelte Schokolade und alles, was sonst noch ungesund ist.
Das fertige Eis kommt nochmal in den Tiefkühler, bevor es der ganzen Familie serviert und sein Geschmack wortreich beschrieben wird. Nicht vergessen: Die neue Eissorte braucht einen werbeträchtigen Namen! Wie wäre es mit »Jennys Fruchtschokolade« oder »Krönungsschaum mit geeisten Edelsteinen«?

Der Wasserrucksack

An einem heißen Sommertag »Huckepack« auf dem Rücken vom Papa liegend durch das Schwimmbecken oder gar über den Badesee transportiert zu werden, ist ein spannendes Erlebnis, das Vertrauen schafft.

Natur-Taufe

Gänseblümchen, Sauerampfer und Marienkäferchen kennen die meisten Leute. Aber wie heißt dieser Käfer mit den gelben Punkten oder die Blume mit dem lila Stachelkopf?
Kein Problem! Wer die Namen nicht weiß, gibt diesen Tieren und Pflanzen eben passende oder besonders lustige Namen. Also gibt es da die rote Bratwurstblume, die braune Weingummischnecke oder den orangefarbenen Feuerfalter usw.
Und weil's gerade so Spaß macht, werden die unbekannten Bäume, Sträucher und Steine gleich mitgetauft.

Das Designer-Fahrrad

Die Freundin hat ein nagelneues Fahrrad bekommen, und Ihr armes Kind muss immer noch mit dem alten Drahtesel seine Runde drehen? Hier kommt die Rettung: Lassen Sie Ihre Fantasie walten und malen Sie das Fahrrad bunt an! Zusätzlich geben Luftballons, Windrädchen am Gepäckträger und glitzernde Sticker auf dem Lenker dem Rad ein neues Aussehen. Pappstreifen am Rahmen des Hinterrades befestigt, erzeugen einen Wahnsinns-Sound, der die ganze Nachbarschaft auf dieses Designer-Fahrrad aufmerksam machen wird.

Die Sandkasten-Filiale

Ein Sandkasten ist ein großartiger Spielplatz! Wer Zeit und Platz hat, sollte ab und zu eine Sandkasten-Filiale eröffnen. Dazu wird eine Plastikwanne aufgestellt und mit »neuem« Inhalt gefüllt:

- mit einer Menge Matsch (Sand mit Wasser befeuchten); in dem Matsch wird dann nach Herzenslust herumgewühlt, gequetscht und geformt
- mit Laub
- mit kleinen Kieselsteinen
- mit Heu
- mit frisch gemähtem Gras
- mit Erde

Kicher-Kissen

Die ganze Familie oder eine Kindergruppe mit Erwachsenen sollte sich für dieses kleine Spielchen zusammenfinden. Papa legt sich auf die Wiese. Der Nächste legt sich so dazu, dass er mit dem Kopf auf Papas Bauch zu liegen kommt, der Dritte legt sich mit dem Kopf auf den Bauch des Zweiten usw. Das letzte Kind sollte so liegen, dass der Papa seinen Kopf auf dessen Bauch legen kann. Sind alle soweit? Dann sagt der Papa laut »Ha« und stößt dabei die Luft so aus, dass der Kopf des zweiten Spielers wackelt. Sofort sagt dieser ebenfalls »Ha« und die Kette der kurzen Lacher geht von einem Wackelbauch zum anderen bis zurück zum Papa. Der sagt laut »Ha-ha« und weiter geht's, bis sich die ganze Gruppe prustend und glucksend vor Lachen auf der Wiese kugelt.

Lob dem Misserfolg

Was etwas seltsam klingt, wird doch vernünftig, wenn man sich vorstellt, dass ein ernsthaftes Bemühen, zu einem Erfolg zu gelangen, eigentlich weitaus wichtiger ist als der Erfolg selbst.

Weitwurf

Sich im Weitwurf mit anderen zu messen, macht eigentlich allen Menschen Spaß. Die Australier werfen mit Gummistiefeln, die Ostfriesen mit nassen Teebeuteln, und in Schottland wirft man bei den berühmten »Highland-Games« sogar mit Telegrafenmasten. Ganz egal, wofür man sich entscheidet, ob man einen Schuhkarton wirft oder einen Fahrradschlauch: je ungewöhnlicher das Wurfobjekt, umso lustiger der Wettbewerb!
Wer gar nicht genug kriegt vom Werfen, kann abends vor dem Schlafgehen noch einen Weitwurfwettbewerb im Kinderzimmer abhalten. Dann werden vielleicht Wattetupfer geworfen oder Gummiringe.

Die Wünsche des Königs

Das Kind ist der König. Er stellt seinen Untertanen die Aufgabe und sagt vielleicht: »Sammelt etwas Weiches!« Viel Zeit bleibt nicht, einen entsprechenden Gegenstand zu finden, denn der König

singt ein Lied (»Hänschen klein« oder »Alle meine Entchen«), von dem jeder weiß, wie lange es etwa dauert. Hat der König den letzten Ton gesungen, müssen alle Untertanen zu ihm zurückgekehrt sein – und etwas Weiches bei sich haben: z. B. eine reife Himbeere oder einen Regenwurm, eine Handvoll Sandmatsch oder Heu. Der König prüft die Mitbringsel und gibt jedem, der die Aufgabe zufriedenstellend erledigt hat, einen Punkt.
Schon hat Ihre Majestät einen neuen Wunsch: »Sammelt etwas Stacheliges!« (Rundes, Duftendes, Rotes ...) Die Wünsche des Königs sind sehr vielseitig. Hat aber ein Untertan dreimal hintereinander die Aufgabe erfüllt, tritt der König seinen Rang an dieses Kind ab und darf in den nächsten Spielrunden selber sammeln.

Der Sandmann

Wir schließen die Augen und denken an den letzten Winter, als wir alle zusammen einen Schneemann gebaut haben. Tja, und jetzt im Sommer bauen wir einen aus Sand! Zuerst muss ein geeigneter Platz am Strand gefunden werden: Nahe am Wasser sollte er sein, weil hier der Sand am feuchtesten und damit am besten modellierbar ist. Allerdings auch nicht zu nah am Wasser, damit unser neues Familienmitglied nicht mit den Wellen davonschmilzt. Ja, und dann geht's los! Mit einem Sandeimer auf dem Kopf, dunklen Muschelaugen, einem freundlichen Steinchenmund und einer Kronkorkennase schaut der Bursche schon bald frech über das Meer. Grüne Haare aus Tang stehen dem Sandmann übrigens prima! Nicht vergessen: Den Sandmann zusammen mit seinem kleinen Schöpfer fotografieren!

Singin' in the rain

Das ist ein tolles Erlebnis, wenn alle wasserdicht verpackt hinaus in den Regen laufen, gemeinsam herumblödeln, Fangen spielen, singen und den berühmten Familien-Regentanz aufführen, diesmal aber vielleicht eher mit der Bitte an den großen Manitu, dem Regen doch bald ein Ende zu setzen.

Riesenstrohhalm-Blubberei

Jedes Familienmitglied und alle Freunde, die gerade in der Nähe sind, dürfen sich aus mehreren knickbaren Trinkhalmen ihre Riesenstrohhalme zusammenstecken. Dann stellen sich alle rund um eine Regentonne, eine Schüssel mit aufgefangenem Regenwasser oder eine Pfütze und blasen, so fest es geht, ins Wasser. Wenn das mehrere Menschen gleichzeitig tun, beginnt das Wasser herrlich zu blubbern.

Das ist doch gefährlich!

Ja: Das Leben ist lebensgefährlich, hat mal ein schlauer Mensch gesagt. Wenn Ihre Kinder Abenteuer erleben wollen (und das wollen sie ganz bestimmt), dann wird das nicht ohne Blessuren abgehen. Im Wald müssen Sie natürlich Regeln beachten, und wenn Sie ein Lagerfeuer machen wollen, dann sprechen Sie das vorher mit dem Förster ab, der Ihnen geeignete Stellen nennt.

Achtung: Das Spiel ist nichts für kleine Kinder, die das Wasser aus Versehen ansaugen und trinken könnten!

Der Sternenhimmel

Eine warme Sommernacht ist genau richtig für erste Sternbeobachtungen. Warme Decken dienen als Unterlage. Dann strecken sich alle bequem aus und schauen zu den Sternen. Jedes Mal lernt das Kind ein neues Sternbild oder den Namen eines neuen Sternes dazu. Natürlich kann man auch seinen privaten Stern suchen (➔ S. 36) und ihn den anderen Familienmitgliedern zeigen. Außer den Sternen wird bestimmt auch noch ein Flugzeug zu sehen sein und vielleicht ein Satellit, ein Ufo oder ein Nachtgespenst?
Nicht vergessen, nach Sternschnuppen Ausschau zu halten und sich schnell was zu wünschen, wenn man eine sieht. Den Wunsch muss man aber für sich behalten, sonst geht er nicht in Erfüllung!

Das Lagerfeuer-Konzert

Ein tolles Erlebnis, wenn die ganze Familie und vielleicht auch noch ein paar Freunde gemütlich um das Lagerfeuer herumsitzen. Irgendwann beginnt dann einer zu singen, und meistens fallen dann den anderen auch noch ein paar Lieder ein, die man gemeinsam singen kann. Vor allem lustige Lieder wie »Wo ist die Kokosnuss?« oder »Die Tante aus

Marokko« oder echte Pfadfinder- und Trapperlieder eignen sich prima.
Ganz toll wäre es auch, wenn jeder zur Begleitung ein »Instrument« spielen könnte. Einfache Schlaginstrumente finden sich überall:

- Blechtopf mit Löffel
- Steine
- Plastiktüte im Takt der Musik zusammenknautschen und wieder straff auseinander ziehen
- Zwei Blechtassen mit der Öffnung gegeneinander schlagen
- Ein paar Steinchen in eine Dose oder einen Topf geben, den Deckel darauf setzen und die »Rasseldose« im Takt bewegen
- Mit den Fingern schnipsen, in die Hände oder auf die Oberschenkel klatschen

Zum Lagerfeuer passen am allerbesten Stockbrote.

Stockbrot

Den Hefeteig zu Hause vorbereiten.
Zutaten: 400 g Weizenmehl, ½ Tl Salz, 50 g Butter, 150 ccm Milch, ein Tütchen Backpulver
Jedes Kind bekommt eine faustgroße Teigkugel, formt daraus eine Schlange und wickelt sie von oben nach unten fest um einen frisch geschnittenen Stock. Zwei Astgabeln links und rechts von der Feuerstelle in die Erde stecken, den Stock einhängen und ständig über der Glut drehen, damit das Brot nicht schwarz wird. Nach 10 bis 15 Minuten können die Brote gegessen werden.

Unter freiem Himmel

Ein Familienerlebnis erster Klasse ist es, wenn alle in einer warmen Sommernacht dicht aneinander gekuschelt unter freiem Himmel schlafen. Tagsüber bereitet man sich ein weiches, ameisenfreies Lager vor und legt auch schon die notwendigen Accessoires wie Taschenlampe, Insektenspray und eine Thermosflasche voll warmen Tee bereit.
Ganz egal, ob man nur so zu den Sternen hinaufschaut und staunt, oder ob der Opa eine seiner Geistergeschichten zum Besten gibt: Es ist ein überwältigendes Erlebnis, das Kinder wie Erwachsene noch lange in Erinnerung behalten werden.

Kühles Kissen

Wer an ganz besonders heißen Tagen keinen Schlaf findet, sollte sein Kopfkissen für kurze Zeit in den Tiefkühler legen. Diese außergewöhnliche Bettkühlung wirkt nicht nur bei Kindern!

7. Nichts wie weg!

Ausflüge sind spannend, erweitern den Horizont der Kinder und schaffen die Familienerlebnisse, an die man sich immer erinnern wird. Sie gelingen aber nur dann wirklich, wenn Sie sich und den Kindern keinen Stress machen. Lassen Sie die Kinder herumlaufen, toben und auch mal schreien (denn wo sollen sie das sonst so ungestört machen). Planen Sie ein, dass Sie schnell wieder gehen können, wenn es Ihnen oder den Kindern zu viel wird. Auch die Eltern selbst sollten Spaß am Ausflug haben und nicht nur des »Kindes wegen« dieses Ausflugsziel wählen.

Ein Besuch im Zoo

Der Zoo ist mit Sicherheit eines der beliebtesten Ausflugsziele. Kinder unter sechs Jahren sind jedoch von dem Zooangebot überfordert. Daher ist es wichtig, nicht den ganzen Zoo und jedes Tiergehege zu besuchen!

Bereiten Sie den Besuch möglichst vor, indem Sie Hintergrundinformation besorgen, z. B. wo das Tier lebt, was in diesem Land anders ist als bei uns, was es frisst (und warum), wie die Jungen zur Welt kommen (lebend oder im Ei) ...

Zu Hause können Sie vor und nach dem Zoobesuch in Tierbüchern oder im Lexikon alles Wissenswerte über das Tier lesen und kindgerecht übersetzen.

Wer ein »Andenken-Sammelbüchlein« (➜ S. 55) besitzt, kann die Eintrittskarte einkleben, ein Bild vom Lieblingstier hineinmalen, ein Autogramm vom freundlichen Tierpfleger erbitten und zu Hause aus dem Zooführer die schönsten Bilder ausschneiden und einkleben.

»Weniger ist mehr!«

Nach dem für Kinder immer gültigen Spruch »Weniger ist mehr« überlegen Sie vor dem Ausflug gemeinsam mit dem Kind, was Sie unbedingt machen wollen. Beispiel Zoobesuch: Welche Tiere sind ein Muss? Auf welche können wir auch verzichten oder schauen sie ein andermal an? Dadurch schafft man Zeit und Aufnahmebereitschaft beim Kind, und es kann in aller Ruhe die Lieblingstiere beobachten. Es entdeckt alle möglichen Einzelheiten und lernt viele Dinge über das Verhalten dieser Tiere, oder es entspannt ganz einfach, wenn es seelenruhig den Kamelen beim Kauen zuschaut.

Vielleicht planen Sie auch ausreichend Zeit ein, dass das Kind je nach Lust und Laune sein Lieblingstier malen oder fotografieren kann. Und Sie haben sich vorher erkundigt, wann die Löwen oder Robben gefüttert werden, denn das ist immer faszinierend.

Die Schicksalstour per Rad

Alle Familienmitglieder stehen startbereit mit ihren Rädern vor dem Haus. Ob die Fahrt nach links oder nach rechts beginnt, entscheidet eine Euromünze, die das jüngste Mitglied werfen darf. Zahl bedeutet: »Wir fahren nach rechts«, Rückseite bedeutet: »Wir fahren nach links«.

An der nächsten Kreuzung stoppen alle Radler, und ein anderes Familienmitglied wirft die Münze. Sehr spannend wird diese Radtour, weil niemand weiß, wohin sie führt – und ob wir jemals wieder nach Hause kommen ...

Tipp: Die »Schicksalstour« ist besonders dann geeignet, wenn sich die Familienmitglieder nicht einigen können, wohin geradelt wird.

Hilfe, die Touristen kommen!

Kinder haben immer Spaß an einer kleinen Flunkerei – und hier kommt eine: Wir tun heute so, als seien wir Touristen in unserer eigenen Stadt. Papa trägt einen Fotoapparat um den Hals, und Mama blättert ständig im Stadtplan. Wir lassen uns den Weg zur Stadtmitte erklären und verbeißen uns dabei nur mühsam das Lachen. Anschließend betrachten wir dann staunend die Sehenswürdigkeiten im Stadtkern. Vielleicht ist auch ein Passant so liebenswürdig und knipst ein Foto von der ganzen (Kicher-)Familie vor dem Rathaus.

Ach ja, und keinesfalls darf man vergessen, eine Ansichtskarte zu kaufen und sie der Oma zu schicken – zum Glück ist die ja langsam solchen Unsinn von ihren Kindern und Enkeln gewöhnt.

Einmal Endstation, bitte!

Nehmen Sie einen Bus, die U-oder die S-Bahn, und fahren Sie einfach mal in eine Richtung, in der Sie noch nie gewesen sind. Steigen Sie an der Endstation aus, und erkunden Sie mit der ganzen Familie die Gegend. Spielplätze und Eisdielen gibt es dort bestimmt auch, und wer weiß, vielleicht wird gerade diese Gegend zu ihrem Lieblingsausflugsziel in der nächsten Zeit.

Das Andenken-Sammelbüchlein

Wer viel erlebt, der braucht ein Andenken-Sammelbüchlein, in dem er alle »Beutestücke«, Autogramme und Bildchen sammeln kann. Am besten eignet sich dazu ein schönes Poesiealbum oder ein dickes Heft mit festem Umschlag. Wer also zum Beispiel eine Dampferfahrt unternimmt, der klebt die Fahrkarte ins Buch. lässt sich am Fahrkartenschalter Prospekte geben, um daraus die schönsten Bildchen auszuschneiden und ins Andenkenbuch einzukleben. Vielleicht kann man sogar das Autogramm eines echten Dampferkapitäns ergattern? Alles Wichtige und natürlich auch alles weniger Wichtige wird gesammelt. Ein Blutstropfen oder das dazugehörige Pflaster, eine aufgesammelte Vogelfeder, gepresste Blumen oder Blätter, Sand (unter Tesafilm) vom Badestrand und vieles mehr.

Das Geburtshaus

Die meisten Kinder wurden ja nicht in der Wohnung geboren, in der sie leben, darum ist ein Besuch des Geburtsorts ein tolles Erlebnis. Rufen Sie im Krankenhaus oder Geburtshaus vorher an und fragen Sie, wann ein Besuch passt. Wenn Sie mit dem Kind dort sind, erzählen Sie natürlich die Geschichte seiner Geburt. Für ein Kind ist es faszinierend zu hören, dass es einmal winzig war und hilflos, ganz angewiesen auf die Fürsorge seiner Eltern. Auch deshalb mag es

Versprochen!

Halten Sie immer Ihre Versprechen! Vertrauen ist der Grundpfeiler der Erziehung, und Kinder sind da kleinlich. Wenn Sie den Ausflug für Samstag versprochen haben, dann schieben Sie ihn nicht auf den Sonntag, nur weil das jetzt besser in den Terminplan passen würde.

die Geschichte seiner Geburt und ersten Lebenstage immer wieder gerne hören. Vergessen Sie nicht, von den ersten Begegnungen des Babys mit seinen Großeltern und anderen Verwandten zu erzählen.

Enten füttern im Park

Kinder finden es sehr spannend, wenn sie sehen, wie die Enten gierig herbeiwatscheln, nur um ein Stück altes Brot zu ergattern. Man kann dann bei dieser Gelegenheit den Enten auch Namen geben und seine absolute Lieblingsente auswählen, deren Aussehen man sich gut einprägt, um sie das nächste Mal gleich wiederzuerkennen und mit einem besonderen Leckerbissen zu begrüßen.

Was Sie noch alles im Park machen können

- Samen sammeln und an einer besonders schönen Stelle wieder einpflanzen, die Stelle markieren und von Zeit zu Zeit nachschauen, ob was wächst.
- Naturgeräusche mit dem Kassettenrekorder aufnehmen, z. B. Vogelgezwitscher, Blätterrauschen ... und am Abend vor dem Einschlafen die Geräusche abspielen
- Einen ganz besonders schönen Baum fest umarmen
- Rubbelbilder von verschiedenen Baumrinden, Steinen, Baumstümpfen und Blättern machen

- Einen Hang hinunterkullern
- Den Weg ab und zu mit einem Stück Kreide markieren und auf dem Heimweg nach den Zeichen suchen
- Eine lange Schnur mitnehmen und den dicksten Baum im Park suchen, Baumumfang mit der Schnur abmessen, Schnur markieren und dann gleich nach einem noch dickeren Baum Ausschau halten

Lob als Antrieb

Wer für seine Taten gelobt wird, fühlt sich stark und wird sich in diese Richtung weiter entwickeln. Wer dagegen nicht (rechtzeitig) gelobt wird, bleibt emotional stehen. Gestatten Sie Ihrem Kind immer, nach neuen Wegen zu suchen und auch anders zu sein als seine Geschwister, Freunde und Klassenkameraden. Das Lob darf das Kind nicht in eine einzige Verhaltensrichtung festlegen, denn sonst wäre ja Erziehung nichts anderes als Dressur.

Anti-Langeweile-Schachtel

Auf langen Autofahrten oder beim Besuch bei Tante Berta kommt einfach mal der Moment, da wird's langweilig. Jetzt ist der große Auftritt der Anti-Langeweile-Schachtel. Die Schachtel wurde von der Mama vor dem Ausflug mit Spiel-, Mal- und Basteldingen gefüllt wie z. B. Stiften und einem kleinen Block, Rätselheften, Walkman und Kassetten, einem Bilderbuch, Aufziehtierchen, Puzzles mit großen Teilen, Wolle oder Schnur zum Flechten, einem kleinen Liederbuch, Steckspielen, Würfeln ...

Ungewöhnliche Spielplätze

Ein mit Moos bewachsener Baumstumpf mitten im Wald ist eine tolle Umgebung für ein Ritterspiel mit kleinen Plastikfiguren. Ein Wasserloch am Sandstrand ist ideal für eine grausame Piratenschlacht und ein Speicher mit Spinnweben und altem Gerümpel eignet sich natürlich bestens für gruselige Gespensterspiele.
Denken Sie daran, wenn Sie mit Ihren Kindern spazieren gehen, und stecken Sie heimlich das passende Spielzeug in Ihren Rucksack.

Heute geh ich zur Arbeit!

Die meisten Kinder haben zumindest einen Elternteil, der jeden Tag zur Arbeit geht. Warum man arbeiten will oder muss, kann man dem Kind gut verständlich machen. Was genau man aber arbeitet, ist für kleine Kinder – es sei denn, Sie sind Bäcker oder Fotograf – schwer zu verstehen. Darum wäre es sehr wichtig, das Kind eines Tages mit zur Arbeit zu nehmen – vorausgesetzt, die Kollegen und der Chef sind einverstanden. Natürlich wählt man einen Tag aus, an dem nicht zu viel Arbeit wartet und das Kind am Arbeitsplatz nicht stört.

Eine kleine Erinnerung

Geben Sie dem Kind nach jedem Urlaub und jedem größeren Ausflug ein kleines Souvenir zur Erinnerung. Egal, ob es sich dabei um eine gekaufte Ansichtskarte oder eine selbst gefundene, blank polierte Muschel handelt.

Organisieren Sie auch einen Abholer, der das Kind nach ein bis zwei Stunden »harter Arbeit« wieder nach Hause bringt.

Je nachdem, wie der Arbeitsplatz beschaffen ist, bietet er bestimmt eine Menge interessanter Erlebnisse. Außerdem könnte das Kind in einem Büro vielleicht

- seine Hände oder eine Zeitung kopieren
- Bleistifte spitzen
- Ketten aus Büroklammern herstellen
- mit alten Kuverts »Kinderpost« spielen
- die Kantine besuchen
- kleine Botengänge (von Zimmer zu Zimmer) übernehmen
- eine Kinderzeichnung an Freunde oder Bekannte mit Faxanschluss faxen
- Blumen gießen
- einen Telefonanruf entgegennehmen: »Einen Moment, ich verbinde!«
- Papier lochen
- die Locher in allen Abteilungen ausleeren und das »Konfetti« mit nach Hause nehmen
- Seiten zusammenklammern

Mit Sicherheit wird das Kind auch nach dem Besuch am Arbeitsplatz nicht völlig verstehen, was Papa oder Mama da genau tut. Aber vieles wird leichter vorstellbar. Das Kind weiß, wo Mama und Papa sitzen, wie die Arbeitskollegen, deren Name das Kind bestimmt schon öfter gehört hat, aussehen und wie man wo zu Mittag isst. Für Kinder sind oft Dinge wichtig, an die wir nie denken würden: Welche Bilder hängen an den Wänden? – Gibt es Blumentöpfe auf dem Fensterbrett? – Hat Frau Huber braune Haare? – Sieht der Papa oder die Mama am Arbeitsplatz anders aus (Arbeitskleidung)? – Gibt es Dinge am Arbeitsplatz, die von zu Hause bekannt sind (Fotos von der Familie, die Kaffeetasse ...)?

Das Gartencenter

Ein Samstag mit der ganzen Familie im Gartencenter ist schon fast wie ein richtiger Ausflug. Es gibt so viel zu sehen – und keineswegs nur im Frühling!

Suchen Sie mit den Kindern ein paar Samentütchen von Pflanzen aus, die schnell wachsen (z. B. Kresse), und gestatten Sie jedem Kind, eine Pflanze als »grünen Freund« für sein Zimmerfenster mitzunehmen.

Die Farbe schweißt zusammen

Kaufen Sie gleichfarbige T-Shirts für alle Familienmitglieder und tragen Sie diese auf dem Ausflug. Vor allem die Kinder finden leichter wieder zurück zur Familie (z. B. vom Spielplatz zum Picknicktisch), alle fühlen sich auch optisch verbunden, und man sieht auf einen Blick, wenn jemand fehlt.

Spiegelspaziergang im Wald

Ein Waldspaziergang bekommt eine neue Dimension, wenn man mit Hilfe eines Spiegels in den Baumkronen »herumstiefelt«.
Das Kind hält den Spiegel etwa in Brusthöhe vor sich, so dass die Baumkronen im Spiegel zu sehen sind und geht dann vorsichtig los – stets den Blick in den Spiegel gerichtet.
Achtung: Ein Erwachsener sollte darauf achten, dass das Kind während dieser »Luftwanderung« am Boden nicht über eine Wurzel stolpert oder es zu einem Frontalzusammenstoß mit einem Baum kommt.

Ende gut, alles gut ...

Der Samstag mit den Eltern beim Großeinkauf wird gleich ganz aufregend, wenn man einen echten 5-Euro-Schein bekommt (so viel muss es heute schon sein ...) und diesen bei der letzten Station des Einkaufsbummels – dem Spielwarengeschäft – ausgeben darf.
Aber aufgepasst! Es sind fünf Euro und kein Cent mehr!

Das Picknick

Kinder lieben Picknicks und lassen sich auch von Ameisen in der Butterdose nicht so leicht den Spaß verderben. Egal ob am Waldrand, im Stadtpark oder im eigenen Garten, allein schon die Vorfreude ist die Sache Wert. Am besten packt man alles Nötige wie Essen, Trinken, Picknickdecke, Papierhandtücher, Abfalltüte etc. in einen Leiterwagen, den das Kind höchstpersönlich zum Picknickplatz ziehen darf.

Der Mondscheinspaziergang

Im Kalender steht, wann die nächste Vollmondnacht sein wird. Ist es dann soweit, geht die ganze Familie warm eingepackt hinaus, sobald der Mond aufgegangen ist, und unternimmt einen Spaziergang bei Mondlicht.
Vieles erscheint ganz neu und ungewöhnlich: Büsche, Bäume und Häuser sehen ganz verändert und ein bisschen gespenstisch aus.
Irgendwo wird eine kleine Rast gemacht. Alle setzen sich eng aneinander und lauschen mit geschlossenen Augen in die Nacht. Welche neuen, ungewöhnlichen Geräusche sind zu vernehmen?

Und außerdem könnten wir doch auch mal ...

... in ein Museum gehen. Je kleiner das Museum umso besser. Denken Sie an das Motto »Weniger ist mehr!«;

... einen Flohmarkt besuchen oder sogar selbst für kurze Zeit einen kleinen Flohmarktstand aufstellen und alte Spielsachen, Bücher und Krimskrams verkaufen;

... einen Besuch auf dem Flughafen machen und die Starts und Landungen von einer Besucherplattform aus betrachten;

... einen Hafen besuchen, vielleicht verbunden mit einer Hafenrundfahrt;

... durch eine Altstadt schlendern und Ausschau nach Jahreszahlen halten (z. B. über Hauseingängen). Überlegen, wie sich hier das Leben früher abgespielt haben könnte;

... in den Tierpark zu einer ungewöhnlichen Zeit gehen, z. B. im Winter oder bei Regen. Jetzt sieht der Tierpark nämlich ganz anders aus, als die Kinder ihn schon kennen. Spaß gibt es hier immer;

... ein Tierheim besuchen und mindestens einen Hund oder eine Katze adoptieren (kein so guter Vorschlag, ich weiß ...);

... das Leben auf einer Großbaustelle aus sicherer Entfernung betrachten und staunen;

... eine kleine Park-Safari mit Jüngeren unternehmen – dort finden wir bestimmt ebenso viele Tiere wie auf einer richtigen Safari: Eichhörnchen, Ameisen, Bienen, Hunde ...

8. Heiße Winter-Hits

Plötzlich ist alles ganz anders als geplant: Der Familienausflug fällt ins Wasser, dem Schneechaos oder Tante Lisas Grippe zum Opfer. Wie wunderbar! Auf einmal ist Zeit vorhanden zum Trödeln, ziellos, ohne Plan und Druck und bis zum Nachmittag noch im Schlafanzug. Kein Soll, keine Erwartungen sind zu erfüllen: ein geschenkter Tag. Heilsame Stunden, in denen die ganze Familie Wärme und Nähe tanken kann. Wem es trotzdem langweilig wird, der probiert mal die folgenden Unternehmungen aus.

Der Winter ist da

Zur Begrüßung der kalten Jahreszeit könnte die ganze Familie gemeinsam am ersten Wintertag z. B.:

- eine Schneeballschlacht veranstalten,
- einen Schneesaurier vor das Haus stellen,
- das Vogelhäuschen aufstellen,
- die ersten Bratäpfel schmoren,
- einen großen Tannenzweig im Zimmer mit selbst gebastelten Dingen schmücken,
- einen Winterspaziergang machen und im Wald, dicht aneinander gekuschelt, mit viel heißem Tee aus der Thermoskanne picknicken.

Nachts im Wald

Ein sehr eindrucksvolles Erlebnis für kleine und große Nachtwanderer: Irgendwo im Wald setzen sich alle dicht nebeneinander, und ein Erwachsener liest im Schein einer Laterne eine Weihnachtsgeschichte vor. Wetten, dass sich die Zuhörer noch nach Jahren an dieses Erlebnis erinnern werden?

Tipp: Sorgen Sie für einen nicht zu eisigen Sitzplatz! Am besten eignen sich Holzstücke von gefällten Bäumen; aber auch Tannenzweige, die man sorgfältig aufeinander legt, halten die Kälte des Bodens eine Weile gut ab.

Quietsch-Eis

Mit »Quietsch-Eis« zu spielen, ist ein tolles Vergnügen. Man sucht sich dazu Regenpfützen, die über Nacht eine dünne Eiskruste bekommen haben. Dann tritt man vorsichtig das Eis entzwei und genießt die Knirsch- Krach- und Quietschgeräusche, die man dabei erzeugt. Kleine, hauchzarte Eisscheiben kann man auch vorsichtig von der Wasseroberfläche abheben und damit die leicht verschwommene und verzerrte Welt um sich herum betrachten.

Wünsche für den Weihnachtsmann

Ganz besondere Weihnachtswünsche werden dem Weihnachtsmann feierlich per Boot gesandt (»Es kommt ein Schiff geladen ...«).

Als Schiff dient eine halbe Walnussschale, was natürlich schon von vornherein die Anzahl der Wünsche beschränkt.

Die Herzenswünsche der Kinder werden jetzt von ihnen auf winzig kleine Zettelchen gemalt oder geschrieben. Die Zettel faltet man so klein zusammen, dass jeder gut in das Schiffchen passt.

An einem Abend im Advent macht die ganze Familie zusammen mit Freunden und Nachbarn einen Spaziergang zum nächsten Bach oder Fluss, wo jedes Kind sein Schiff feierlich zu Wasser lässt. Ganz besonders toll sieht es aus, wenn man zusätzlich noch viele kleine Leuchtschiffe – bestehend aus einer brennenden Kerze auf einem Rindenstück, oder einem Kerzenstummel in einer Nussschale – den Bach hinabschwimmen lässt.

Überraschungspost im Advent

Für einen ungewöhnlichen, aufregenden Adventskalender braucht man:

- 24 kleine Briefumschläge und 24 Zettel
- ein Stück dünne goldene Kordel und
- 24 winzige Puppenwäscheklammern

Zuerst werden kleine Überraschungen auf Zettelchen geschrieben, z. B.:

- Wir bauen heute zusammen den Kaufladen (die Eisenbahn) auf.
- Heute basteln wir Strohsterne.
- Wir machen eine Nachtwanderung mit Fackeln. (Ans Ausschlafen denken!)
- Wir gehen ins Hallenbad. (Öffnungszeiten beachten!)
- Wir backen Plätzchen ...

Jedes Zettelchen wird zusammengefaltet und in einen Umschlag gesteckt. Die Umschläge werden mit Zahlen von 1 bis 24 beschriftet und mit den Puppenwäscheklammern an der goldenen Kordel (Wäscheleine) befestigt. Die Kordel selbst kann z. B. im Kinderzimmerfenster gespannt werden.

Gefüllte Überraschungsnüsse

Das ist ein Adventskalender der besonderen Art. Ein bisschen zeitaufwändig ist die Herstellung schon, aber der Spaß mit den Überraschungsnüssen ist die Mühe wert! Zuerst werden 24 Walnüsse so geknackt, dass die einzelnen Hälften ganz bleiben. Das Nussfleisch schabt man vorsichtig mit einem Messer aus den Schalen.

Nun schreibt man auf 24 winzig kleine Zettelchen je eine Überraschung. Diese Zettelchen faltet man dann so klein zusammen, dass jedes in einer Nuss Platz findet. Anschließend klebt man die Nussschalen wieder aufeinander, und wer will, sprüht noch Goldfarbe drauf.

Jeden Tag darf ein anderes Familienmitglied eine Nuss aussuchen, knacken und die Überraschung, die ja für die ganze Familie ist, vorlesen.

Die Weihnachtsduft-Dose

In der Zeit vor Weihnachten riecht es überall so gut nach Zimt, nach Tannenzweigen, Bienenwachs, Orangenschale und anderen guten Dingen. Wer sich diese tollen Düfte erhalten will, muss von jedem (haltbaren!) Stoff etwas in eine kleine Dose stecken. Die Dose wird fest verschlossen und kann dann im Laufe des Jahres ab und zu feierlich geöffnet werden. Toll, dann riecht es vielleicht mal mitten im Mai nach Weihnachten!

Zeit für Ruhe und Besinnung

Immer früher werden wir mit ewig dudelnden Weihnachtsliedern, überdimensionierten Plastiknikoläusen, ständig zuckenden Fensterbeleuchtungen genervt. Dabei soll doch Advent eine Zeit der Vorfreude sein, und Weihnachten ein Fest des Friedens und der Nächstenliebe. Versuchen Sie ein Stück dieser eigentlichen Bestimmung in die Vorweihnachtszeit zu retten und zeigen Sie Ihren Kindern Alternativen zu Lautstärke, Hektik und Kommerz. Das kann ein gemeinsamer Abend mit Spielen sein, ein Bastelnachmittag für Strohsterne, die dann an nette Nachbarn verschenkt werden, ein kleiner Gruß, der der Oma geschickt wird ...

Das Leuchtbild

Wenn draußen der erste Schnee gefallen ist, ziehen alle gemeinsam am Abend hinaus und stellen viele kleine Teelichter zu einem Motiv in den Schnee. So könnte man z. B. einen liegenden Schneemann darstellen, einen Stern, einen Engel, eine riesige Lichtspirale oder den Stamm vom Lieblingsbaum im Garten oder Park mit den Lich-

tern umkränzen. Wenn dann alle Kerzen angezündet werden, sieht das wunderschön weihnachtlich aus.
Tipp: Den Platz für das Leuchtbild so aussuchen, dass es vom Kinderzimmerfenster aus auch noch zu sehen ist!

Das Schneelabyrinth

Zugegeben, meistens liegt nicht genügend Schnee. Vielleicht versuchen Sie's im Winterurlaub, denn es kann ein echtes Highlight für Kinder werden: Ein riesiges Labyrinth wird in den Schnee gefräst, mit Seitenwegen, Sackgassen ... Dann braucht man in den nächsten Tagen nur noch viel warmen Tee, um all die Kinder zu versorgen, die aus allen Häusern in der Nachbarschaft herbeieilen, um auch mal durch das Labyrinth zu irren.

Das Tröpfchenbild

Dieses Bastelspiel, das man am besten für einen kalten Winterabend reserviert, lieben alle Kinder. Obwohl es bis zuletzt spannend ist, werden alle Bastler dabei ganz ruhig und entspannt.
Auf dem Tisch steht eine Schüssel mit Wasser. Vorsichtig hält das Kind eine brennende Kerze über die Wasseroberfläche und lässt Tropfen für Tropfen hineinplumpsen. Ab und zu nimmt es eine andersfarbige Kerze, damit das Tropfenbild schön bunt wird. Schließlich vereinigen sich die einzelnen Tropfen auf der Wasseroberfläche zu Inseln und diese wiederum zu einer großen Scheibe. Am Ende hebt das Kind das fertige Wachstropfenbild vorsichtig aus dem Wasser und staunt über seine Farben und Gestalt. Mit einigen weiteren Wachstropfen befestigt ein Erwachsener auf der Rückseite des Bildes eine Schlaufe zum Aufhängen. Besonders schön sehen mehrere kleine Wachsbilder aus, die nebeneinander und untereinander im Fenster hängen.

Die singende Familie

Ein kleiner Spaß für ein Familienabendessen an einem grauen, unfreundlichen Tag: Ganz egal, ob Sie und Ihre Familie singen können oder nicht, bei diesem Spiel hat niemand die Wahl! Ein komischer Zauber hat sich nämlich über alle Familienmitglieder gelegt und statt zu sprechen, können alle heute beim gemeinsamen Abendessen nur noch singen. Das wird umso lustiger, je mehr Fragen sich die Familienmitglieder gegenseitig singen.
Wer es nicht mehr aushält und schließlich als erster wieder spricht, anstatt zu singen, verliert das Spiel.

Das neue Familiengesetz

Schlechtwetterlaune hat keine Chance mehr, wenn die ganze Familie ein neues Gesetz verabschiedet. Je unsinniger und lustiger, desto besser!

Also, wir können z. B. beschließen, dass jeder beim Betreten der Toilette lauthals »Es klappert die Mühle« singt oder sonst ein allen bekanntes Lied. Oder wir entscheiden uns dafür, dass wir uns während des Mittagessens siezen oder während des Abendessens mit neuen Namen anreden. Wer dabei erwischt wird, das Gesetz zu missachten, zahlt ein Pfand und wartet mit Schaudern auf die Pfänderverlosung.

Schneehausen im Lichterglanz

Tagsüber wird nahe dem Haus oder auf dem Balkon ein Dorf aus Schnee gebaut. Vielleicht sogar eine echte Burg! Dann höhlt man einige Schneehäuser und Schneetürme mit einem Kaffeelöffel ein wenig aus, so dass in die Mulden je ein Teelicht hineinpasst. Abends, wenn alle im Haus sind, werden die Lichter von Schneehausen angezündet. Ein toller Anblick!

Wintercamping

Herrlich, so ein kalter Wintertag, wenn es draußen schneit und ein eisiger Wind ums Haus fegt. Herrlich, weil es in der Wohnung so kuschelig warm ist und sich alle geborgen fühlen.
Am Abend errichtet man vor dem Ofen (notfalls vor dem Heizkörper) ein Wintercamp mit Decken, Fellen, vielen warmen Kissen, heißen Getränken und einer spannenden Vorlesegeschichte.

Ein Sprung ins neue Jahr

Jedes Familienmitglied steigt am Silvesterabend kurz vor zwölf Uhr auf einen Stuhl. Gemeinsam werden die letzten zehn Sekunden des alten Jahres wie beim Countdown einer Rakete rückwärts gezählt. Bei »Null« springen alle gleichzeitig von ihren Stühlen ins neue Jahr.

Der Hundeschlitten

Eine alte Decke oder eine Plastikplane wird auf einer dicken Schneeschicht ausgebreitet. Die »Schlittenhunde« begeben sich alle auf eine Seite der Decke und fassen ein Stück der Deckenkante an. Der kleine »Eskimo« nimmt auf der Decke Platz, hält sich gut fest, und los geht's! Die Hunde rennen so schnell durch den Schnee, dass der Eskimo alle Mühe hat, sich auf dem Deckenschlitten zu halten. So eine Schlittenfahrt ist ganz schön anstrengend für beide Seiten, aber auch sehr lustig.

Wo man spielt, da lass dich ruhig nieder ...

Spielen Sie mit Ihren Kindern nach dem Abendessen. Genießen Sie das Zusammensein im Familienkreis, statt im Halbkreis vor dem Fernseher zu hocken.
Wichtig: Auch der Papa sollte mal auf die Sportschau verzichten zugunsten der Spielrunde und des anschließenden Zubettgeh-Rituals. Entscheiden Sie gemeinsam, wer an diesem Abend das Spiel auswählen darf. Beim nächsten Mal ist dann ein anderes Familienmitglied dran.

Kleine Fotoerinnerungen

Eine der schönsten Beschäftigungen an kalten Winterabenden ist das Durchblättern von Fotoalben und das Erzählen von kleinen Geschichten, die mit diesen Fotos in Zusammenhang stehen. Das Kind darf sich dabei bestimmte Fotos aussuchen und dann ist die Mama, der Papa, Oma oder Opa gefragt, die zu dem Foto eine Geschichte erzählen. Wo ist das Foto geknipst worden und warum? Wie alt waren die Beteiligten damals? War der kleine Bruder schon auf der Welt, und was ist aus dem Teddy geworden, den das Kind da gerade im Arm hält?

Fasching!

Überraschen Sie den Papa oder die Mama, wenn sie abends von der Arbeit nach Hause kommen, mit einer bunten Faschingsfamilie. Kinder lieben es, sich zu verkleiden, und das nicht nur zur Faschingszeit!

Winterpfostenball

Für diese neue Art des Ballspielens ist es egal, wie viele Sportler mitmachen, und ein Tor brauchen wir auch nicht. Ein einzelner Pfosten oder ein Stock im Schnee genügt vollkommen.
Fußballer ärgern sich, wenn der Ball gegen den Pfosten prallt. In unserem Spiel ist aber gerade das erwünscht. Auf dem Pfosten liegt nämlich ein kleiner Preis, z. B. ein Bonbon. Die Sportler formen sich Schneebälle, stellen sich dann nebenein-

ander an die Abwurflinie und versuchen nacheinander, ihre Schneebälle so auf den Pfosten zu schießen, dass der Preis durch die Erschütterung zu Boden fällt. Wem das gelingt, der steckt den Preis ein.

Preise murmeln

Wenn draußen kaltes Winterwetter herrscht, gleich mehrere Kinder das Kinderzimmer bevölkern und gar keine rechte Stimmung aufkommen will, wird alles anders, wenn Preise gemurmelt werden dürfen. Ein kleiner Preis, z. B. ein Sticker, liegt auf dem Boden. Die Kinder, jedes mit einer Murmel ausgerüstet, stellen sich fünf Schritte vom Sticker entfernt nebeneinander. Nun darf jedes seine Murmel rollen, natürlich so, dass sie möglichst nahe am Sticker liegen bleibt. Sind alle Murmeln gerollt, versammeln sich die Kinder beim Sticker, um ganz genau festzustellen, wessen Murmel gewonnen hat.

Kettenreaktion

Jede Menge Dominosteine werden hochkant etwa fingerbreit voneinander entfernt hintereinander aufgestellt. Tippt man den ersten an, bringt der den zweiten Stein zum Umstürzen, der wiederum stößt den dritten um usw., bis endlich alle Steine umgefallen sind.
Ein toller Anblick!
Tipp 1: Einen grauen, kalten Wintertag abwarten, an dem die große Langeweile auszubrechen droht, vorzugsweise ein Sonntagnachmittag.
Tipp 2: Ein paar gute Freunde einladen, die ebenfalls ihre Dominosteine mitbringen. Alle zusammen können dann eine ganz lange Dominokette aufstellen.
Tipp 3: Damit die Steine nicht schon vor Fertigstellung der Kette versehentlich umfallen, werden während des Aufbaus Lücken gelassen, die erst zum Ende des Aufbaus hin aufgefüllt werden.

Essbare Schneemänner

Ein essbarer Schneemann tröstet ganz besonders, wenn andere Kinder draußen einen echten Schneemann bauen dürfen, das Kind aber krank ist und zu Hause bleiben muss.
Drei dicke weiße Marshmallows werden mit einem Zahnstocher zusammengesteckt. Wer will, kann kleine Marshmallows oder Stücke eines großen mit Zahnstochern als Arme am Schneemann befestigen. Augen, eine dicke rote Knubbelnase und Knöpfe des Schneemanns werden mit fertiger »Zuckerschrift« (aus dem Lebensmittelgeschäft) aufgespritzt. Ganz besonders toll sieht es aus, wenn der Schneemann noch einen Hut aus einem Stückchen buntem Papier aufgesetzt bekommt. Vielleicht hält der süße Bursche ja auch noch ein Schild im Arm, auf dem ein aufmunternder Satz steht.

Die Lesenacht

Ein kalter, grauer Winterabend, an dem die Kinder lange aufbleiben können, weil sie am nächsten Morgen nicht in die Schule müssen, ist ideal für den Start einer Lesenacht. Dann werden viele Freunde und Klassenkameraden eingeladen, die mit Schlafsäcken und jeder Menge Lesefutter ausgerüstet eintreffen.

Die Kinder bereiten sich nach einem gemeinsamen Abendessen ein Lager auf dem Wohnzimmerboden her, und dann geht es los: Jeder liest eine Geschichte vor, die ihm besonders gut gefallen hat, oder stellt ein Buch vor, das er den anderen zum Lesen empfehlen würde. Zusätzlich und zu vorgeschrittener Stunde lesen auch noch die großen Geschwister und Eltern (ggf. sogar die Großeltern) Geschichten vor. Irgendwann schließt dann ein Kind nach dem anderen die Augen, während die »Nachteulen« immer noch weiter lesen. Aber schließlich ist die ganze Lesegesellschaft friedlich eingeschlafen, so dass auch die Eltern zu Bett gehen können. Lange wird ihre Ruhe aber nicht währen, denn die kleinen Leseratten stehen meistens schon früh wieder auf. Dann geht die Lesenacht mit einem gemeinsamen Frühstück zu Ende.

9. Ganz besondere Belohnungen

Der Aufwand ist gar nicht so groß, um einem Kind eine ganz besondere Belohnung zu organisieren. Das können selbst gebastelte oder auch gekaufte Überraschungen sein, solche für einen Tag und andere, an das sich der längst erwachsene Kind gern erinnert.

Ein Schatz für Onkel Dagobert

Auch kleine »Dagoberts«, die mit Geld noch nicht rechnen können, freuen sich sehr über eine Schatzkiste mit Spielgeld. Dieses Geld bekommt man bei der Bank oder Sparkasse kostenlos. Das Kind kann die Geldscheine und Münzen sortieren und vergleichen oder »Schatzgräber« spielen. Außerdem ist Spielgeld zwingendes Requisit bei Kaufladenspielen, Kinderpost und Restauranteröffnungen.

Das »Stehauf«-Bällchen

Ein gewöhnlicher Tischtennisball kann in einen »Stehauf«-Ball verwandelt werden, der großen und kleinen Spielern schnell die Langeweile vertreibt. Und das geht so: Mit zwei Streifen Tesafilm wird ein 10-Cent-Stück an den Ball geklebt – fertig ist das Wunderbällchen. Wirft man ihn jetzt z. B. auf einen Tisch, so springt er auf merkwürdige Weise erst ein bisschen auf dem Tisch herum und bleibt am Ende brav auf seinem Münzensockel stehen.

Die Kribbel-Krabbel-Kastanie

In eine schöne, dicke Kastanie wird ein Kranz von mehreren Zahnstochern gesteckt. Die Kastanie sieht dann etwa so wie auf der Zeichnung aus.
Dann nimmt man eine lange, dünne Schnur und webt sie um die Zahnstocher herum, bis nur noch ein Ende von etwa zehn Zentimeter Länge übrig bleibt.
Und jetzt geht's los! Das Kind stellt sich auf einen Stuhl, fasst das Schnurende und lässt die Kastanie zu Boden zappeln. Toll! Gleich noch mal?
Tipp: Den Anfang der Schnur an einem Zahnstocher festknoten, damit die Kastanie am Schluss nicht davonkullert.

Papas Tochter

Ein pubertierendes Mädchen, das gerade dabei ist, sich dem Einfluss seiner Mutter zu entziehen, empfindet ein Lob vom Papa weitaus motivierender als das gleiche Lob aus Mamas Mund.

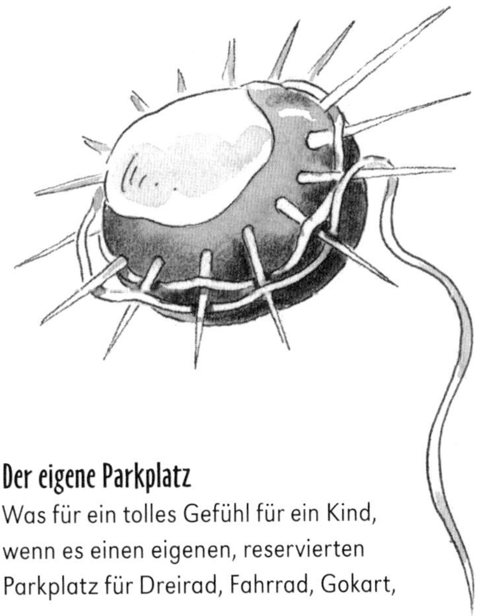

Der eigene Parkplatz

Was für ein tolles Gefühl für ein Kind, wenn es einen eigenen, reservierten Parkplatz für Dreirad, Fahrrad, Gokart,

Schlitten besitzt! Der Parkplatz wird in der Garage oder auf dem Asphalt vor dem Haus mit weißem Klebeband markiert. Wer will, kann den Namen des Kindes oder seine Initialen ebenfalls mit weißem Klebeband, Kreide oder Farbe in den Parkplatz schreiben.

Das Autogramm-Heft

Ein einfaches Schulheft wird, mit einem lustigen bunten Umschlag versehen, zum Autogramm-Sammelheft. Unterschreiben dürfen nicht nur Könige, Schauspielerinnen und Fußballspieler, sondern jeder, den man gerne hat. Also die Freunde auf dem Spielplatz, Tante Anna, die man zwar nicht so mag, aber die so eine schöne Schrift hat, der Doktor und die Sprechstundenhilfen, die Nachbarin, deren Hund man immer mal ausführen darf, der Hausmeister ...
So ein Autogrammheft füllt sich schneller als man glaubt, besonders, wenn die »Promis« noch zusätzlich etwas hineinschreiben oder -malen.

Die Münze

Eine Münze, die im Geburtsjahr des Kindes geprägt wurde, wird blank poliert und dem Kind in einem kleinen Schmuckkästchen überreicht.

Magnetzauber

Magnete sind ein faszinierendes Spielzeug. In Kaufhäusern oder Spielzeuggeschäften gibt es kleine Magnete zu kaufen, mit denen man Käfer über den Tisch laufen lassen kann oder kleine Püppchen zum Tanzen bringt.
Eine prima Beschäftigung z. B. für Kinder, die krank im Bett liegen, und als »Langeweilekiller« auf langen Fahrten.

Kleine Geschenke, die nichts kosten

- eine Umarmung
- eine Schulter-Rücken-Massage
- ein schöner Stein als Glücksbringer
- ein Sträußchen selbst gepflückte Blumen
- ein selbst gefalteter Segelflieger, ein Segelschiff, ein Himmel- und Hölle-Spiel (ein Spiel, bei dem man nur in den Himmel kommt ...)
- ein Kompliment
- eine Begleitung auf dem Schulweg
- ein klitzekleiner Schneemann, auf einem Teller »serviert«, der ein Schild mit einer Gratulation oder einem netten Satz im Arm hält
- ein kleines Tier oder Männchen aus Knete (Steinen, Kastanien oder Pfeifenreinigern)

Der Bonbonbaum

Bonbons wachsen nicht auf Bäumen; so ist das meistens – bis auf diese besonderen Tage. Aber da läuft ja ohnehin so manches anders.

Und so wird das botanische Wunder erschaffen:

- Blumentopf mit Krepp- oder Geschenkpapier einhüllen
- Ast in Erde oder nassen Sand pflanzen
- Erde oder Sand mit Folie abdecken und dick mit Marshmallow-»Steinen« belegen
- Viele bunte Bonbons mit Wollfäden an den Ast hängen

Tipp: Noch eindrucksvoller wird der Bonbonbaum, wenn Sie ihn zusätzlich mit einer Weihnachtslichterkette illuminieren.

Genau beschreiben, was du gut gemacht hast

Wenn das Kind etwas macht, das Ihnen Freude bereitet, so sagen Sie dem Kind das so genau wie möglich. Also nicht: »Gut gemacht!«, sondern »Ich freue mich, dass du dich ganz allein angezogen hast.« »Ich bin stolz darauf, dass du dir deine Schnürsenkel jetzt schon selber binden kannst.«

Der Anrufbeantworter

Lassen Sie Ihr Kind den Text auf dem Anrufbeantworter sprechen. Das macht das Kind stolz und wirkt auf die Anrufer nicht so steif wie die übliche Ansage.

Die Rennbahn für Spielzeugautos

Eine ausrangierte Plastiktischdecke ist prima dazu geeignet, um auf ihrer Rückseite einen einfachen Stadtplan oder einen »Nürburgring« in Mini-Format zu zeichnen. Zum Zeichnen benutzt man am besten dicke Filzstifte. Die Straßen müssen so breit sein, dass zwei Spielzeugautos nebeneinander passen! Der Länge nach halbierte Papprollen von Küchenpapier geben tolle Tunnel ab! Wer fertig gespielt hat, rollt die Rennbahn einfach zusammen und stellt sie hinter den Schrank, wo sie auf den nächsten Einsatz wartet.

Die Lupe

Eine Lupe ist ein tolles Spielzeug für Kinder, die sich alleine beschäftigen sollen oder müssen, z. B. wenn sie krank sind. Mit so einer Lupe kann man die Pfötchen der Katze einmal ganz genau anschauen, man kann winzige Zahlen oder Buchstaben auf ein Blatt schreiben und sie dann mit der Lupe vergrößern. Die Möglichkeiten sind unzählig und sehr vielfältig.
Ganz besonders wertvoll ist so eine Lupe, wenn man dazu noch einen Gutschein für eine Lupenexkursion geschenkt bekommt.

Die Lupenexkursion

Mit der Lupe machen wir uns auf Entdeckungsreise nach winzigen, noch nie zuvor gesehenen Dingen. Am besten geht das natürlich auf einem Spaziergang im Park oder durch den Wald. Mit seiner Lupe kann das Kind klitzekleine Spinnen beobachten, die Struktur eines Gänseblümchen-Blütenblattes studieren, die Unterseite von Rindenstücken bestaunen, auf der es vor winzigen Lebewesen nur so wimmelt, und jede Menge mehr.
Tipp: Gehen Sie vorher die geplante Strecke ab, damit Sie – bei Jüngeren – wissen, auf was Sie die kleinen Naturforscher aufmerksam machen können.

Ein Blick ins Innere

Werfen Sie den alten Wecker auf keinen Fall in den Müll, sondern schenken Sie ihn Ihrem Kind! Alte Uhren, Wecker und kleine, unreparierbare und von Kabel und Stecker befreite Elektrogeräte sind der ideale Zeitvertreib für große Kinder.

Was ist wert-voll für das Kind?

Protz gekauft oder gut gebastelt – es ist das alte Lied: Kinder vergleichen sich und ihre Spielsachen. Und meistens schon im Kindergarten beginnt der Stress mit den Modeklamotten und Spielfiguren und Computerspielen, die gerade im Trend liegen. Zugegeben, es ist nicht so einfach, gegen den Mainstream zu erziehen und seinem Kind zu vermitteln, dass ein Geschenk, von Herzen kommend und mit Hand gemacht, oft viel wertvoller ist als ein schnell gekauftes technisches Spielzeug. Üben Sie sich in Geduld, und meistens werden Sie erleben, dass auch Ihr Jüngster die überraschenden, liebevollen und originellen Gaben schätzen lernt.

Mit Hilfe eines Erwachsenen dürfen die Geräte auseinandergeschraubt werden. Vielleicht kann man jetzt – da sich ein Blick ins Innere des Gerätes auftut – auch überlegen, wie das Gerät funktioniert. Kleine Einzelteile werden danach zu einer Collage auf ein Stück Pappe geklebt. Und dann darf die Familie raten, wozu die Fantasiemaschine gut ist.

Die Wundertüten

Als Wundertüte dient ein großer Briefumschlag, der mit bunten Stickern beklebt oder mit Glitzerschrift bemalt und beschriftet ist. Als Inhalt eignen sich alle Dinge, die flach sind und von Kindern begehrt werden, z. B.:

- kleine Schokoladetäfelchen
- Kopien von Kindergeschichten, Rätselseiten, Witze – Seiten, Mandalas
- Kleine Päckchen mit Buntstiften
- Gutscheine aller Art
- Brausepulvertütchen
- Lustige, bunte Lineale oder Zeichenschablonen
- Notizblöcke
- Kleine Seifen und winzige Parfums
- Besondere Luftballons, z. B.: Riesenballons, Doppelballons,
  Ballons in speziellen Farben oder mit besonderen Aufschriften,
  Ballons in Herzchenform
- Probepäckchen für Kinderbrei, Kakaosorten, Limonade ...

Mehrere Wundertüten stehen in einer Kiste bereit. Das Kind, das eine besondere Belohnung verdient hat, darf sich mit geschlossenen Augen eine aus der Kiste ziehen.

Heut stell ich den Teller raus

Was macht der Nikolaus im Juli? Na, da wartet er nur darauf, dass irgend so ein cleveres Kind ganz außer der Reihe den Teller vor die Tür stellt.
Am nächsten Tag liegt tatsächlich eine kleine Überraschung drauf! Im Juli! Vielleicht eine geputzte Mohrrübe für die Sarah, weil die zur Zeit kein Gemüse essen will oder ein Zettel voller i-Punkte

für den großen Bruder, weil der mit seinen i-Punkten in Diktaten so spart, manchmal liegt da auch einfach ein Bonbon, ein vierblättriges Kleeblatt, die verschlampte Busfahrkarte ...

Onkel Joe

Was, Sie kennen Onkel Joe noch nicht? Dann wird es aber Zeit!
Onkel Joe wird aus alten Klamotten hergestellt, die Sie fest mit Schaumgummi oder ähnlichem Füllmaterial ausstopft, bevor man die Kanten aneinander nähen. Onkel Joes Kopf ist ein kleiner Kissenbezug, ebenfalls gut ausgestopft und mit Augen, Nase, Mund bemalt. Ob Onkel Joe »echte« Wollhaare bekommt, ob er Mamas Faschingsperücke vom letzten Jahr aufsetzt oder eine Zipfelmütze, wird jeder für sich entscheiden. Wichtig ist nur, dass Onkel Joe mindestens so groß ist wie das Kind, zu dessen Freund und ständigem Begleiter Joe bestimmt werden wird. So ein Joe ist ein fabelhafter Zuhörer, er bewacht nachts die Kinderzimmertür und wehrt Gespenster ab, er dient notfalls als Kopfkissen und ist ein prima Partner für Wutanfälle, denn Joe nimmt es auch nicht krumm, wenn er eins auf die Birne bekommt.

Lob auf der Gegenspur

Erinnern Sie sich noch daran, als Ihr Kind klein war? Wie oft haben Sie es angelächelt, bis es dann irgendwann nach vielen Wochen bewusst zurückgelächelt hat. Man braucht ein bisschen Geduld, aber nach vielem »Input« kommt dann plötzlich eine Rückmeldung: »Danke, dass du dir dafür Zeit nimmst.« »Du bist der einzige Papa, bei dem man im Auto ganz laute Musik hören darf.«»Du bist die liebste Mama (der coolste Papa) der Welt!« Ein schönes Gefühl und eine Bestätigung dafür, dass man doch zumindest das meiste richtig gemacht hat.

Fotomemory

Wer genügend Fotos besitzt, kann sie auf Pappkärtchen kleben und so ein originelles Memoryspiel basteln. Immer zwei unterschiedliche Fotos eines Familienmitglieds bilden ein Paar. Besonders nett ist es, wenn die Fotos die jeweilige Person in einem unterschiedlichen Alter zeigen.

Ausnähkarten

Ob Mädchen oder Junge, kleine Kinder lieben Ausnähkarten!
Auf stabiles Tonpapier oder Fotokarton werden einfache Formen gezeichnet, z. B. ein Apfel, ein Haus, ein Teddy. Vorlagen für solche Bilder finden Sie in Ausmalbüchern. Die Löcher werden mit einer dicken Stopfnadel vorgebohrt. Nun brauchen Sie noch einige bunte Garnreste und eine Sticknadel mit abgerundeter Spitze. Beim Einfädeln sollten Sie helfen.

Wenn das Bild fertig gestickt ist, werden die Fäden vernäht oder verknotet.
Wer Lust hat, malt das Bild noch mit Stiften bunt aus. Fertige Ausnähkarten werden natürlich aufgehängt. Wem der Platz zum Aufhängen an den Wänden ausgegangen ist, der kann eine Schnur spannen und die Kärtchen mit Büroklammern daran aufhängen.
Schon Zweijährige können Ausnähkarten bearbeiten, wenn die Löcher für sie mit einem Bürolocher eingestanzt werden, und die Kinder Schnürsenkel zum »Nähen« bekommen.

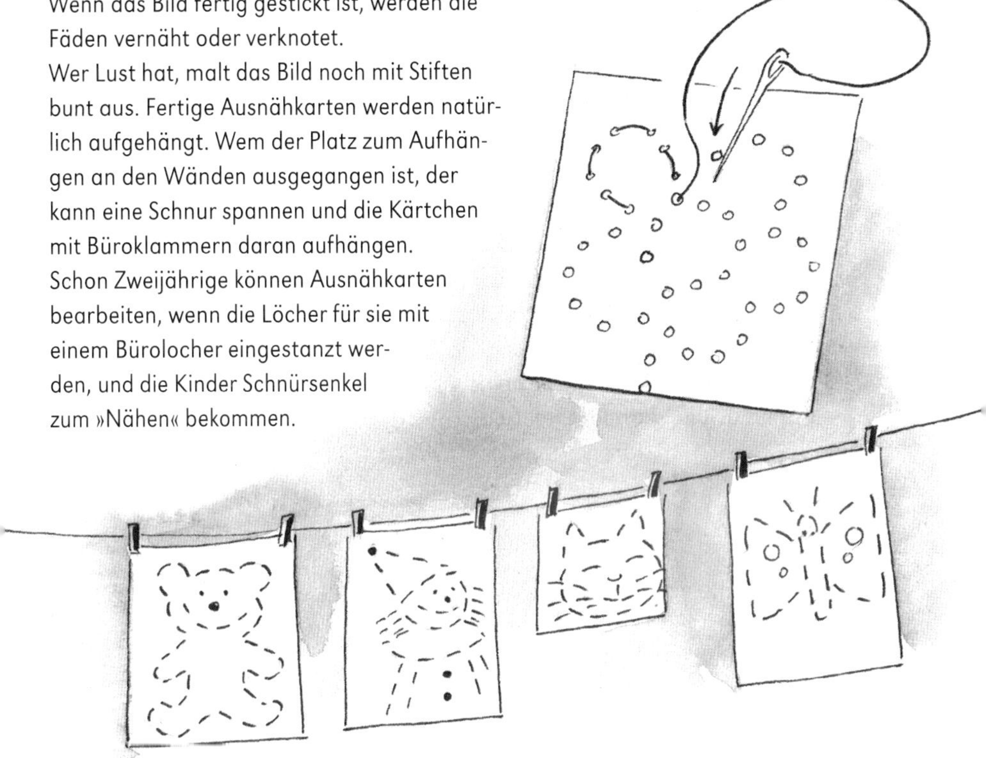

Die Fotofamilie

In ein kleines Fotoalbum, Stickeralbum oder ein Heft werden Fotos von allen Familienmitgliedern geklebt, einschließlich eines von Paul, dem Hund und Goldfisch Alexander. Kinder lieben es, ein eigenes Fotoalbum zu besitzen. Sie zeigen es stolz ihren Freunden. So ein klitzekleines Album ist auch ein prima »Mitnehmsel« für ein Kind, das ins Krankenhaus muss oder anderweitig ein paar Tage von der Familie entfernt verbringt.

Die Kilometertüten

Kilometertüten gibt es auf langen Autofahrten, und sie lassen Langeweile gar nicht erst aufkommen! Zuerst brauchen Sie so viele kleine Papiertüten, dass Ihr Kind nach jeweils 50 km Fahrtstrecke eine bekommen kann. Dann packen Sie in jede Tüte eine kleine Überraschung: ein Päckchen Studentenfutter, Buchstaben aus Moosgummi, eine Zaubermaltafel, ein Malbuch, ein Rätselheft, eine Kinderkassette, etwas Plastilin, ein Päck-

chen Spielkarten, ein Wimmelbild, Luftschlangen, Watteböllchen usw. Jede Tüte wird mit einem Bändchen sorgfältig verschlossen.
So, und jetzt muss man nur noch 50 Kilometer lang brav sein, bis es die erste Kilometertüte gibt. Der Inhalt aber wird das Kind bestimmt für die nächsten 50 Kilometer beschäftigen, und dann kommt die nächste Tüte usw., bis die Familie schließlich fast ohne jede Nörgelei am Reiseziel eingetroffen ist.

Familienüberraschung

Gerade kleinere Kinder leiden ziemlich, wenn sie mit ansehen müssen, wie die Schwester oder der Bruder ein Geschenk auspackt oder eine Belohnung bekommt – und sie selber leer ausgehen. Hier tröstet eine besondere Überraschung für die ganze Familie. Das kann ein Puzzle sein, ein Gesellschaftsspiel oder einer der bewährten Gutscheine für eine gemeinsame Unternehmung. Wenn möglich, den genauen Termin, Datum, Uhrzeit dazuschreiben und ggf. sogar schon die Eintrittskarten beilegen.

Das selbst gebastelte Lesebuch

Alle Kinder lesen gerne, wenn sie »Lesefutter« zu den Gebieten bekommen, die sie brennend interessieren. Am Besten kaufen Sie dem Kind ein doppeltes Schulheft DIN-A4, binden es mit buntem Geschenkpapier ein, beschriften es mit »Christians Lesebuch« und sammeln fortan alle interessanten Artikel aus Zeitungen und Illustrierten: z. B. einen über die Geburt von Affenbabys im Tierpark oder einen über die größte Spielzeugeisenbahn der Welt.
Immer wieder wird das Lesebuch durch neue Artikel ergänzt, die Sie einfach ausschneiden und in das Heft kleben. Wetten, dass Ihr Kind liest?
Tipp: Kleben Sie auch ein paar Witze in das Heft. Kinder lieben Witze, und die kurzen Texte mit Lacheffekt motivieren zum weiteren Lesen.

Ein Geschenk für jeden Monat

Kinder freuen sich sehr über ein Abonnement einer Kinderzeitschrift wie »Geolino«, »Treff« oder einer Zeitschrift, die sich speziell an ein Hobby des Kindes richtet. So gibt es eine Reihe von Tierzeitschriften, Sportillustrierten und Lesestoff für Computerfreaks. Auf diese Weise freut sich das Kind gleich zwölfmal im neuen Lebensjahr.

Puppenkochbuch

Nicht nur Mädchen freuen sich über ein Puppenkochbuch. Schreiben Sie Minirezepte für Pudding, Kuchen, Schinkennudeln, Reisbrei, Apfelkompott und dergleichen in ein kleines Heft. Basteln Sie einen lustigen, bunten Einband dafür, und liefern Sie gleich noch ein paar Probepäckchen für Griesbrei, Gemüsesuppe etc. mit. Ein super Geschenk für Kinder!

Leuchtsternchen

Leuchtsternchen gibt es im Schreibwarengeschäft bogenweise zu kaufen. An der Kinderzimmerdecke oder an der Wand neben dem Bettchen leuchten die Sterne nach dem Lichtauslöschen noch lange Zeit weiter und eignen sich gut als Einschlafhilfe. Leider sind die Leuchtsterne nicht gerade billig. Als Trostpflaster oder als Belohnung können die Sterne aber gut einzeln verschenkt werden. Mit der Zeit wächst ein wunderschöner Sternenhimmel heran, der jeden Abend Freude macht.

Pit Budde, Josephine Kronfli

Karibuni Watoto

Kinderlieder aus Afrika

ISBN (CD) 978-3-931902-12-4
ISBN (Buch) 978-3-931902-11-7

Josephine Kronfli, Pit Budde

Fliegende Feder

Indianische Lieder für Kinder in Deutsch und Originalsprachen gesungen

ISBN (CD) 978-3-931902-23-0
ISBN (Box inkl. Buch + CD) 978-3-931902-26-1

Pit Budde, Josephine Kronfli

Shalom - Salam - peace4kids

Internationale Kinderlieder für den Frieden - in Deutsch und Originalsprachen gesungen

ISBN (CD) 978-3-936286-65-6

Hartmut E. Höfele

Wild und verwegen übers Meer

Kinder Spielen Seefahrer und Piraten

ISBN (CD) 978-3-931902-08-7
ISBN (Buch) 978-3-931902-05-6

Hartmut E. Höfele und Freunde

Die Wikinger sind los!

Abenteuerliche Lieder und sagenhafte Geschichten zum Mitmachen, Mitsingen und Zuhören

ISBN (CD) 978-3-936286-09-0
ISBN (Buch) 978-3-936286-08-3

Unmada Manfred Kindel

Wunder-wasser

Starke Lieder und Tänze aus dem Kinderwald

ISBN (CD) 978-3-931902-66-7
ISBN (Buch) 978-3-931902-65-0

Hartmut E. Höfele

Bei Zwergen, Elfen und Trollen

Fantastische Lieder, Tänze und Geschichten aus der Zauberwelt

ISBN (CD) 978-3-936286-23-6
ISBN (Buch) 978-3-936286-22-9

Hartmut E. Höfele & Kindermusiktheater Firlefanz

Feuerwerk & Funkentanz

Stimmungsvolle Lieder, Tänze und Geschichten rund ums Thema Feuer

ISBN (CD) 978-3-631902-86-5
ISBN (Buch) 978-3-931902-85-8

Hartmut E. Höfele, Birgit Laux, Günter Geisinger

Sonne, Mond und Sternenkinder

Lieder, Tänze und Geschichten mit der Mondmaus

ISBN (CD) 978-3-931902-72-8
ISBN (Buch) 978-3-931902-71-1

Michi Vogdt

Helau, Alaaf und gute Stimmung

Närrische Tanz- und Feierlieder zum Mitsingen und austoben für kleine und große Jecken

ISBN (CD) 978-3-936286-32-8
ISBN (Buch) 978-3-936286-31-1

Hartmut E. Höfele

Hoppla! Hip-Hop 4 kids

Fette Beats und coole Lieder zum Rappen, Breakdancen und Chillen

ISBN (CD) 978-3-86702-014-5
ISBN (Buch) 978-3-86702-013-8

Unmada Manfred Kindel

Hinter uns die Berge

Indianische Lieder und Weltmusik aus dem Kinderwald

ISBN (CD) 978-3-936286-06-9

Der Fachverlag für gruppen- und spielpädagogische Materialien

Ökotopia Verlag und Versand

Spiele in Gruppen, Lernspiele, Kooperative Spiele, Bewegungsspiele, Brettspiele

Fordern Sie unser kostenloses Programm an:

Ökotopia Verlag
Hafenweg 26a · D-48155 Münster
Tel.: (02 51) 48 19 80 · Fax: 4 81 98 29
E-Mail: info@oekotopia-verlag.de

Besuchen Sie unsere Homepage! Genießen Sie dort unsere Hörproben!

http://www.oekotopia-verlag.de
www.weltmusik-fuer-kinder.de
www.wir-verstehen-uns-gut.de